DONAL SKEHAN
Un super chef en cuisine

DONAL SKEHAN

Un super chef en cuisine

Les 150 recettes d'un beau gosse

hachette
CUISINE

SOMMAIRE

INTRODUCTION

Je suis cuisinier amateur et je vais vous montrer comment devenir un super chef en cuisine !

Ce que j'ai appris, c'est qu'en ayant confiance en soi, on peut cuisiner absolument n'importe quoi. Je dis bien n'importe quoi. Et l'intérêt de cette théorie est qu'elle s'applique à tout le monde. Je m'adresse donc aux spécialistes des toasts carbonisés, aux petites natures incapables de toucher un morceau de poulet cru, et à ceux qui ne savent même pas faire cuire un œuf ! Et voici mon conseil : ne lâchez rien ! Le poulet brûlé ou le steak trop cuit sont des expériences utiles, vous êtes sur la bonne voie !

J'ai appris à cuisiner au fil des années grâce à des livres de recettes. C'est ce qui m'a donné confiance pour me lancer seul en cuisine. Avec peu d'ingrédients, j'ai vite réussi à concocter des plats savoureux dont mes invités me demandaient la recette. Alors pourquoi pas vous ? Je sais que ça peut paraître intimidant de se retrouver devant les fourneaux et de préparer un repas pour quatre quand on ne l'a jamais fait, mais je vous promets que si vous pouvez maîtriser au moins trois recettes de ce livre (ou d'un autre), non seulement vous serez fier de vous mais vous aurez aussi envie d'en apprendre d'autres. Une fois qu'on a pris goût à la cuisine, on ne peut plus s'arrêter !

Une fois que vous serez à l'aise derrière vos fourneaux, ce sera pour la vie. Et vous vous retrouvez bientôt en train de rêver à des ustensiles de cuisine, de caresser les comptoirs de cuisine dans les magasins d'exposition

POIVRONS
Rouges
pays
2€40
Kg

Heineken

1kg
Chaux de
Bruxelles
6€90

(j'espère que je ne suis pas le seul à le faire !) et de dévorer des livres de cuisine dans votre lit. Si ce n'est pas encore votre cas, préparez-vous, ça ne va pas tarder ! Je souhaite vous faire découvrir quelques délicieuses recettes pour tous les jours, de celles qui tentent les cuisiniers amateurs. Après tout, les grands chefs sont partis de ce qu'ils avaient appris à la maison. On peut facilement se décourager quand on voit, à la télévision, des cuisiniers qui jonglent avec des ingrédients et des techniques complexes. Mais aussi impressionnant que cela puisse paraître, on l'oublie vite dans une cuisine ordinaire qui, elle, n'est pas remplie d'ustensiles et d'ingrédients exotiques. La cuisine de restaurant peut être excitante et pleine d'inspiration, mais ce n'est pas celle qu'on prépare à la maison.

Il est temps de vous y mettre et de découvrir mes recettes. Je les ai créées en gardant à l'esprit les repas « maison », pour qu'elles inspirent ceux qui cuisinent tous les jours et encouragent ceux qui ne se sont jamais mis aux fourneaux. Je veux vous donner envie de pénétrer dans la cuisine et d'y remuer les pots et les casseroles ! Pour commencer, faites vos provisions d'ingrédients de base et investissez un peu dans l'équipement indispensable. Créez un endroit à vous, pour réaliser vos expériences en vous faisant plaisir. Lisez des livres de cuisine, piochez des idées dans les magazines culinaires, parlez aux producteurs ou, même, mettez-vous à pêcher ! Allez au marché, recherchez des ingrédients intéressants, essayez des aliments que vous n'avez jamais mangés, découvrez de nouveaux endroits et, le plus important, aimez et partagez votre nourriture. Je ne suis jamais aussi heureux que lorsque mes invités se régalent de ce que j'ai cuisiné pour eux.

Alors, qu'est-ce que vous attendez ? À vos casseroles !

DONAL SHEKAN

LE NÉCESSAIRE DU SUPER CHEF

Pour révéler le super chef qui est en vous, vous devez d'abord rassembler les produits de base. Peu importe le genre de cuisine que vous avez, grande ou petite, moderne ou démodée, ce qui compte, c'est la façon dont elle est installée et son côté pratique. Ma mère a toujours maudit sa cuisine grande comme un mouchoir de poche et rêvé d'une pièce ouverte équipée de tout le confort moderne. Mais cela ne l'a jamais empêchée de cuisiner des repas délicieux tous les jours de mon enfance. En réalité, chaque cuisine est différente et c'est autour de la créativité que tout se joue.

Les ingrédients de base

Je passe mon temps à insister sur l'importance des ingrédients, parce que je sais que sans eux, je ne m'embêterais même pas à cuisiner. Ce n'est vraiment pas compliqué de remplir ses placards d'ingrédients qui vous inspirent et vous attirent vers la cuisine, tout excité (à moins qu'il n'y ait qu'à moi que ça fasse cet effet-là !). Des placards garnis de bonnes choses, c'est la clé de la réussite pour un cuisinier. La liste ci-contre est pratiquement complète, parcourez-la et choisissez ce qui vous sera le plus utile, ou alors sélectionnez quelques recettes qui vous plaisent et procurez-vous les ingrédients dont vous aurez besoin pour les réaliser.

LES BASIQUES

- RIZ
- PÂTES
- NOUILLES
- BOULGOUR
- COUSCOUS
- LENTILLES : VERTES, ROSES, BRUNES
- TOMATES EN BOÎTE
- HARICOTS EN BOÎTE
- THON À L'HUILE D'OLIVE (MEILLEUR QU'AU NATUREL)
- HUILES : OLIVE, TOURNESOL, ARACHIDE
- VINAIGRES : BLANC, DE VIN ET BALSAMIQUE
- MOUTARDES : ANGLAISE, DE DIJON ET À L'ANCIENNE
- ŒUFS
- BEURRE DE CACAHUÈTES
- FRUITS SECS : NOIX, AMANDES, NOIX DU BRÉSIL, NOISETTES, CACAHUÈTES, NOIX DE PÉCAN, PISTACHES ET PIGNONS
- GRAINES : POTIRON, TOURNESOL, SÉSAME ET PAVOT
- ÉPICES : PAPRIKA, CUMIN, CORIANDRE, POIVRE DE CAYENNE, CURRY, CURCUMA, GINGEMBRE, CANNELLE ET NOIX MUSCADE
- PÂTE DE CURRY
- SAUCE WORCESTERSHIRE
- TABASCO®
- BOUILLON CUBE
- SAUCE SALSA EN POT
- TORTILLAS AU BLÉ COMPLET
- MIEL
- VINS : BLANC ET ROUGE
- PÂTE FEUILLETÉE SURGELÉE
- PETITS POIS SURGELÉS

LES INGRÉDIENTS POUR LA PÂTISSERIE

- FARINES : ORDINAIRE ET AVEC LEVURE
- FÉCULE DE MAÏS (MAÏZENA®)
- LEVURE DE BOULANGER DÉSHYDRATÉE
- LEVURE CHIMIQUE
- MÉLASSE RAFFINÉE *(GOLDEN SYRUP)* OU SIROP DE SUCRE DE CANNE BIO
- MÉLASSE NOIRE
- EXTRAIT DE VANILLE
- BEURRE
- SUCRES : BRUN, CASSONADE, SEMOULE, CRISTALLISÉ ET SUCRE GLACE
- CACAO EN POUDRE
- CHOCOLAT : NOIR, AU LAIT, BLANC ET EN COPEAUX
- LAIT CONCENTRÉ
- FLOCONS D'AVOINE

LES INGRÉDIENTS ASIATIQUES

- HUILE DE SÉSAME
- VIN DE RIZ
- SAUCE SOJA
- SAUCE DE POISSON NUOC-MÂM
- SAUCE TERIYAKI
- SAUCE D'HUÎTRE
- SAUCE THAÏE AU PIMENT DOUX
- ANIS ÉTOILÉ
- POIVRE DU SICHUAN EN GRAINS

Les herbes en pot

Quelques pots d'herbes fraîches vous permettent d'avoir toujours sous la main de quoi parfumer vos recettes. Les herbes comme le romarin, la sauge et le thym sont assez résistantes pour durer toute l'année. L'origan, le basilic et la menthe sont plus beaux au printemps et en été.

Il reste souvent des herbes quand l'hiver arrive. Ne les laissez pas mourir ! Par exemple, coupez des branches de thym et d'origan en gros bouquets, secouez-les pour en chasser les saletés et les bestioles, et attachez-les avec une ficelle. Réservez-les une semaine dans un endroit chaud et sec, puis stockez-les dans des bocaux en verre. Vous les utiliserez en les froissant au-dessus d'une sauce tomate ou d'une salade pour les relever. Une astuce pour les herbes plus fragiles comme le basilic : ciselez-les, ajoutez-y un peu d'une bonne huile d'olive, puis versez le mélange dans des bacs à glaçons et congelez. Vous pourrez utiliser ces petits cubes d'herbes dans vos sauces. Il m'arrive de les décongeler, de les étaler sur une pâte à pain, assaisonnés d'un soupçon de sel de mer, puis de passer celle-ci au four.

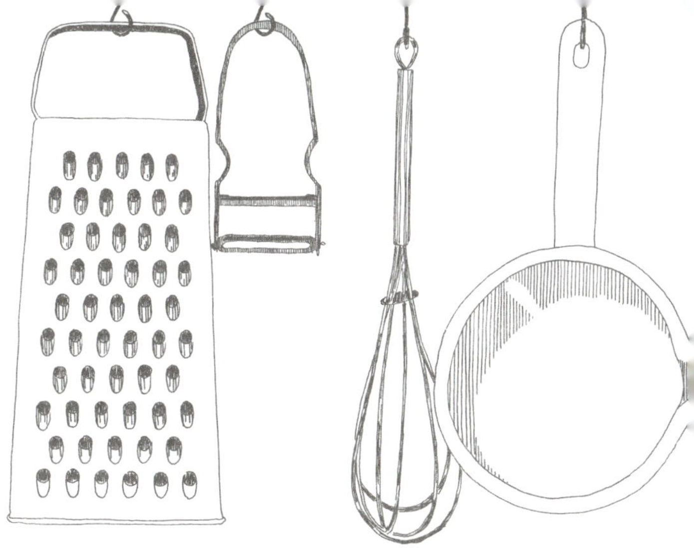

Votre matériel de base

Question matériel, certains ustensiles sont chers mais ils vous serviront pendant des années. Les couteaux ou les casseroles de bonne qualité représentent un véritable budget. Personnellement, je suis fou de belles planches à découper en bois et, si l'on en croit des études récentes, elles sont plus hygiéniques que celles en marbre ou en plastique.

Voici donc ma liste d'ustensiles de cuisine de base. Elle est assez substantielle. Pensez à la façon dont vous voulez cuisiner et voyez ce qui vous convient. J'y ai indiqué l'essentiel mais, bien sûr, elle s'étoffera dès que vous commencerez à cuisiner.

- **3 BONS COUTEAUX BIEN AIGUISÉS (UN GRAND, UN PETIT ET UN COUTEAU À PAIN)**
- **2 PLANCHES À DÉCOUPER EN BOIS**
- **1 PASSOIRE (POUR ÉGOUTTER LES PÂTES, LAVER LES LÉGUMES, ETC.)**
- **1 ESSOREUSE À SALADE**
- **1 TRÈS GROSSE CASSEROLE OU 1 FAITOUT**
- **2 GRANDES POÊLES ANTIADHÉSIVES**
- **2 GRANDES PLAQUES DE FOUR**
- **2 MOULES À CHARNIÈRE**
- **2 MOULES À MUFFINS OU À CUPCAKES**
- **2 MOULES À PAIN**
- **2 GRANDS PLATS À RÔTIR**
- **1 CHINOIS**
- **1 LOUCHE**
- **1 RÂPE**
- **1 RÂPE PLATE À MAIN**
- **1 ÉPLUCHEUR**
- **1 OUVRE-BOÎTE**
- **1 PRESSE-PURÉE**
- **2 GRANDS PLATS EN PYREX®**
- **SALADIERS**
- **CUILLÈRES EN BOIS**
- **CUILLÈRES À MESURER**
- **1 BALANCE**
- **1 GRAND FOUET**
- **1 PETIT FOUET**
- **1 SPATULE**
- **1 PINCE**

REPAS MINUTE

Tout le monde a connu ça : vous rentrez à la maison après une longue journée, et la dernière chose que vous avez envie de faire c'est de vous mettre à cuisiner... Heureusement, il existe des recettes rapides qui, avec un minimum d'organisation, calmeront votre faim juste le temps de le dire ! Je sais que je me répète, mais bien manger se résume souvent à avoir des placards bien remplis, et une petite préparation peut produire de grands effets. Vous devez connaître l'impression qu'on éprouve en regardant un placard vide, cherchant désespérément une solution pour le dîner. Ce dont vous avez alors besoin, c'est d'une viande marinée à l'avance que vous aurez sortie du congélateur le matin pour qu'elle soit prête quand vous rentrerez du travail, ou d'une bonne quantité de riz ou de pâtes précuits, ou encore de quelques restes. Tous ces aliments peuvent être transformés en un repas savoureux et faire la différence entre un bon repas maison et un traiteur chinois !

Si les aliments et la cuisine vous énervent, vous vous ennuierez à coup sûr en préparant vos repas. Mais avec un peu de chance, la question : « Qu'est-ce qu'on mange ce soir ? » vous viendra à l'esprit bien avant l'heure du dîner.

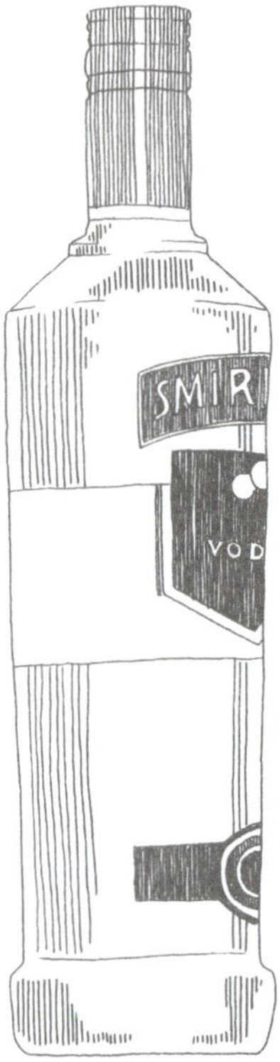

PENNE À LA VODKA

Pour cette recette, un grand merci à la fantastique Lorraine Fanneran qui gère *La Cucina* à Limerick, avec son mari italien, Bruno. C'est une spécialiste des délicieux petits plats de pâtes, comme le prouve ce qui suit... Parents, ne vous faites pas de souci : l'alcool s'évapore durant la cuisson, et vos enfants seront quand même très impressionnés que vous leur ayez donné de la vodka ! Lorraine suggère 4 petites cuillerées de vodka (+ un peu pour vous dans un verre si votre journée a été difficile !).

POUR 4 PERSONNES

- **350 G DE PENNE**
- **25 G DE BEURRE**
- **125 G DE PANCETTA OU DE BACON OU 2 TRANCHES DE JAMBON CUIT ÉMINCÉES**
- **4 CUIL. À CAFÉ DE VODKA**
- **20 CL DE CRÈME FRAÎCHE ÉPAISSE**
- **3 CUIL. À SOUPE DE CONCENTRÉ DE TOMATES**
- **1 PETITE POIGNÉE DE FEUILLES DE PERSIL PLAT GROSSIÈREMENT HACHÉES**
- **SEL DE MER ET POIVRE NOIR FRAÎCHEMENT MOULU**
- **PARMESAN FRAÎCHEMENT RÂPÉ**

- Faites cuire les pâtes dans une grande casserole d'eau bouillante en suivant les indications sur le paquet.

- Pendant ce temps, faites fondre le beurre dans une grande poêle à feu moyen. Mettez-y la pancetta à cuire 3 à 5 min, jusqu'à ce qu'elle dore. Ajoutez la vodka et laissez mijoter 1 min avant d'y verser la crème et le concentré de tomates, et d'y incorporer le persil. Poursuivez la cuisson 5 min, jusqu'à ce que la sauce ait épaissi. Salez et poivrez à votre goût.

- Lorsque les pâtes sont cuites, égouttez-les, ajoutez-les à la sauce et mélangez bien. Servez avec une pincée de parmesan.

FAJITAS AU BOEUF

Si vous êtes à la recherche d'un plat qui en « jette » pour un petit dîner sur le pouce entre amis, ces fajitas au bœuf vont vous bluffer. Elles partent si vite que, parfois, je double les quantités !

POUR 4 PERSONNES

- 4 GOUSSES D'AIL PELÉES ET FINEMENT ÉMINCÉES
- LE JUS DE 1/2 CITRON
- 1 CUIL. À CAFÉ DE SAUCE WORCESTERSHIRE
- 2 CUIL. À CAFÉ DE PIMENT EN POUDRE
- 1 CUIL. À CAFÉ D'ORIGAN SÉCHÉ
- 1 CUIL. À CAFÉ DE CUMIN EN POUDRE
- 1 CUIL. À CAFÉ DE POIVRE NOIR FRAÎCHEMENT MOULU
- 400 G DE STEAK DE FAUX-FILET FINEMENT TRANCHÉ
- 2 CUIL. À SOUPE D'HUILE DE TOURNESOL
- 2 OIGNONS ROUGES PELÉS ET FINEMENT ÉMINCÉS
- 3 POIVRONS (ROUGE, VERT ET JAUNE) COUPÉS EN TRANCHES
- 1 BELLE POIGNÉE DE CORIANDRE GROSSIÈREMENT CISELÉE
- SEL DE MER
- 8 TORTILLAS AU BLÉ COMPLET

POUR SERVIR

- GUACAMOLE MAISON (VOIR PAGE 78)
- CRÈME AIGRE
- 100 G DE CHEDDAR RÂPÉ

- Mettez dans un grand bol l'ail, le jus de citron, la sauce Worcestershire, le piment, l'origan, le cumin et le poivre noir, puis incorporez le bœuf en tournant. Couvrez et réservez au réfrigérateur.

- Faites chauffer la moitié de l'huile dans une grande poêle à feu moyen, ajoutez les oignons et les poivrons et faites-les cuire 3 à 4 min, jusqu'à ce qu'ils brunissent. Réservez-les dans un plat.

- Ajoutez le reste d'huile dans la poêle et faites-la bien chauffer. Mettez-y le bœuf à revenir 3 min, jusqu'à ce qu'il soit cuit tout en restant tendre. Incorporez les oignons et les poivrons, puis la coriandre, mélangez et assaisonnez à votre goût.

- Faites chauffer les tortillas au micro-ondes en suivant les instructions de l'emballage, puis recouvrez-les d'une feuille de papier d'aluminium.

- Pour servir, étalez un peu de guacamole sur une tortilla, ajoutez du bœuf, des poivrons et des oignons, puis recouvrez de crème aigre et de fromage. Faites éventuellement une petite démonstration à vos invités !

Poisson croustillant et salade de nouilles acidulée

Quand je cuisine pour des convives qui n'aiment pas le poisson, j'ai remarqué qu'il suffit de le rendre un peu « funky » et de le servir différemment pour les convaincre d'en manger. C'est l'effet que leur fera ce poisson acidulé et croustillant.

POUR 4 PERSONNES

- 1 CUIL. À CAFÉ DE POIVRE NOIR FRAÎCHEMENT MOULU
- 1 CUIL. À CAFÉ DE SEL
- 1/2 CUIL. À CAFÉ DE PIMENT EN POUDRE
- 6 CUIL. À SOUPE DE FARINE ORDINAIRE
- 1 ŒUF
- 500 G DE FILETS DE POISSON BLANC (ÉGLEFIN OU CABILLAUD) SANS PEAU ET COUPÉS EN PETITS MORCEAUX
- HUILE DE TOURNESOL

NOUILLES

- 400 G DE NOUILLES DE RIZ PLATES
- 1 CUIL. À SOUPE D'HUILE DE TOURNESOL
- 3 GOUSSES D'AIL PELÉES ET FINEMENT HACHÉES
- 1 MORCEAU DE GINGEMBRE FRAIS, DE LA TAILLE D'UN DOIGT, PELÉ ET HACHÉ FINEMENT
- 1 PIMENT ROUGE FINEMENT COUPÉ
- 6 OIGNONS VERTS COUPÉS EN BIAIS ET EN RONDELLES, DONT QUELQUES-UNES POUR DÉCORER
- 1 CUIL. À SOUPE DE SAUCE SOJA
- LE JUS DE 1 CITRON

- Faites cuire les nouilles en suivant les instructions sur le paquet. Égouttez et réservez.
- Dans un wok ou une poêle de bonne taille, faites chauffer l'huile à feu vif, mettez-y l'ail, le gingembre et le piment, puis faites-les sauter 40 à 50 s, jusqu'à ce que le mélange soit brûlant et odorant. Ajoutez les oignons et laissez cuire encore 1 min. Versez la sauce soja et le jus de citron, baissez le feu et laissez mijoter 2 min.
- Retirez le wok du feu, versez-y les nouilles cuites et mélangez bien le tout. Réservez au chaud.
- Préparez le poisson. Mélangez le poivre, le sel, le piment en poudre et la farine dans un grand plat. Battez l'œuf dans un bol. Trempez les morceaux de poisson d'abord dans la farine épicée, secouez pour éliminer l'excédent, puis plongez-les dans l'œuf battu et à nouveau dans la farine. Rangez les morceaux au fur et à mesure sur un plat.
- Versez environ 1 cm d'huile dans une grande poêle et faites-la chauffer à feu vif. Ajoutez les morceaux de poisson et faites-les sauter 1 à 2 min de chaque côté, jusqu'à ce qu'ils soient dorés. Sortez-les avec une écumoire et égouttez-les dans un plat recouvert de papier absorbant.
- Dressez le poisson sur les nouilles avec quelques rondelles d'oignon pour décorer.

POULET CAJUN EN CRAPAUDINE

Ce mélange d'épices est très goûteux mais, à défaut de certaines d'entre elles, n'hésitez pas à utiliser des herbes fraîches ou déshydratées. Le temps de cuisson au barbecue est délicat à estimer car il dépend de la taille des poulets – si vous avez peur qu'ils ne soient pas à point, piquez leur partie la plus charnue ; quand le jus qui s'écoule est clair, c'est bon ! Bien sûr, c'est meilleur quand les poulets ont mariné un certain temps, mais si vous êtes pressé, recouvrez-les de marinade et cuisinez-les sans attendre.

POUR 6-8 PERSONNES

2 PETITS POULETS (1 À 1,5 KG CHACUN)

MARINADE

- 4 GOUSSES D'AIL PELÉES
- 2 CUIL. À SOUPE DE CASSONADE
- 2 CUIL. À SOUPE DE PAPRIKA
- 2 CUIL. À CAFÉ DE POIVRE DE CAYENNE
- 2 CUIL. À CAFÉ D'ORIGAN SÉCHÉ
- 1 PETITE POIGNÉE DE FEUILLES DE SAUGE SÉCHÉES GROSSIÈREMENT HACHÉES
- 1 POIGNÉE DE BRINS DE THYM FRAIS
- LE JUS DE 1 CITRON
- 3 À 4 CUIL. À SOUPE D'HUILE VÉGÉTALE
- 1 BONNE PINCÉE DE SEL ET DE POIVRE NOIR FRAÎCHEMENT MOULU

- Placez un poulet sur le dos et, à l'aide d'un couteau aiguisé ou d'une paire de ciseaux, coupez de chaque côté du bréchet pour l'ôter et ouvrez la cage thoracique. Retournez la volaille et appuyez fortement sur son dos avec votre poing pour casser les articulations des os. Enfilez une petite broche en diagonale de la cuisse à l'aile, d'un côté, puis de l'autre, pour maintenir le poulet ouvert. À la pointe d'un couteau, entaillez les cuisses et les blancs. Répétez l'opération avec le second poulet, puis placez-les dans un plat à rôtir.
- Mettez tous les ingrédients de la marinade dans un mortier ou un robot ; écrasez-les au pilon ou réduisez-les grossièrement en pâte à la machine. Enduisez bien les poulets de cette pâte. Couvrez d'une feuille de papier d'aluminium et laissez mariner au réfrigérateur de 30 min à 1 h.
- Allumez le barbecue ou préchauffez le four à 210 °C (th. 7) si le temps vous empêche de cuisiner dehors.
- Placez les poulets sur le barbecue à chaleur moyenne, côté chair vers le haut, et faites-les cuire 25 à 30 min, puis retournez-les et laissez encore 15 à 20 min, jusqu'à ce qu'ils soient à point. Si vous trouvez que la peau roussit trop, déplacez les poulets sur le bord du barbecue ou mettez-les sur une feuille de papier d'aluminium jusqu'à la fin de la cuisson. Au four, faites rôtir les poulets 50 à 60 min.

WRAPS AU POULET CAJUN ET À L'AVOCAT

Cette recette facile me permet souvent de déjeuner sur le pouce.

POUR 2 PERSONNES

- **2 BLANCS DE POULET SANS PEAU COUPÉS EN TRANCHES FINES**
- **1 CUIL. À SOUPE D'ASSAISONNEMENT CAJUN (VOIR PAGE 153)**
- **1 CUIL. À SOUPE D'HUILE DE TOURNESOL**
- **4 TORTILLAS AU BLÉ COMPLET**
- **2 CUIL. À SOUPE DE CRÈME FRAÎCHE**
- **1 POIGNÉE DE MESCLUN**
- **1 GROS AVOCAT PELÉ, DÉNOYAUTÉ ET COUPÉ EN TRANCHES FINES**

- Étalez bien l'assaisonnement cajun sur le poulet.
- Faites chauffer l'huile dans une grande poêle et faites-y revenir le poulet 3 à 4 min, jusqu'à ce qu'il soit brûlant, cuit à point mais encore tendre. Réservez dans un bol.
- Préparez chaque wrap avec une bonne cuillerée de crème fraîche, un peu de mesclun, quelques tranches d'avocat et du poulet, puis emballez, roulez et dévorez !

PILONS DE POULET RÔTI À LA MARMELADE

Cette marinade s'accorde aussi avec le canard ou même un poulet rôti entier. N'ayez pas peur de l'essayer !

POUR 4 PERSONNES

- **2 CUIL. À SOUPE DE MARMELADE**
- **1 CUIL. À SOUPE DE VINAIGRE BLANC**
- **1 CUIL. À SOUPE DE MOUTARDE À L'ANCIENNE**
- **1 CUIL. À SOUPE D'HUILE D'OLIVE**
- **10 PILONS DE POULET AVEC LA PEAU**
- **BOULGOUR MINUTE, POUR SERVIR (VOIR PAGE 39)**
- **SEL DE MER ET POIVRE NOIR FRAÎCHEMENT MOULU**

- Préchauffez le four à 200 °C (th. 6-7).
- Mettez la marmelade, le vinaigre, la moutarde, l'huile et une bonne pincée de sel et de poivre dans une grande plaque à rôtir, et mélangez à la fourchette. Ajoutez les pilons et remuez-les pour qu'ils soient bien enrobés de sauce.
- Faites-les rôtir au four 40 min, jusqu'à ce qu'ils soient parfaitement cuits, en les arrosant à mi-cuisson.
- Lorsqu'ils sont prêts, sortez les pilons du four et disposez-les sur une assiette, puis arrosez-les du jus de cuisson bien sirupeux. Servez avec le boulgour.

Pâtes à la carbonara faciles

La liste d'ingrédients de mon ancienne recette de pâtes à la carbonara incluait des oignons, de l'ail et de la crème fraîche. Cette recette-ci est beaucoup plus proche de la véritable cuisine italienne, et la bonne nouvelle est qu'elle est beaucoup plus facile à réaliser. Un bon dîner vraiment rapide !

POUR 4 PERSONNES

- 400 G DE SPAGHETTIS
- 1 CUIL. À SOUPE D'HUILE D'OLIVE
- 225 G DE PANCETTA OU DE BACON
- 50 G DE PARMESAN RÂPÉ
- 4 JAUNES D'ŒUFS
- SEL DE MER ET POIVRE NOIR FRAÎCHEMENT MOULU

- Faites cuire les pâtes dans de l'eau bouillante salée en suivant les indications sur l'emballage.
- Pendant ce temps, faites chauffer l'huile d'olive dans une grande poêle à feu moyen, ajoutez la pancetta et faites-la frire 2 à 3 min jusqu'à ce qu'elle croustille. Si la pancetta est grasse, ne mettez pas d'huile : elle cuira dans son gras.
- Égouttez les spaghettis et réservez un peu d'eau de cuisson au fond de la casserole. Remettez-y les spaghettis et, tant qu'ils sont chauds, ajoutez le parmesan, les jaunes d'œufs et la pancetta, salez et poivrez. Mélangez rapidement pour enrober les pâtes d'une sauce crémeuse.
- Servez immédiatement car les pâtes deviennent indigestes lorsqu'elles attendent trop longtemps. C'est la meilleure raison de les avaler !

NOUILLES CHINOISES

Les nouilles sont un standard des restaurants chinois, mais il est très facile de les cuisiner chez soi. De cette façon, vous pouvez contrôler les ingrédients qui entrent dans leur composition et y ajouter des légumes sains et appétissants. Le curry donne aux nouilles une saveur particulière, tout en les enrobant, ce qui leur donne une texture agréable.

POUR 2 PERSONNES

- 3 GOUSSES D'AIL PELÉES ET FINEMENT HACHÉES
- 1 MORCEAU DE GINGEMBRE FRAIS PELÉ ET RÂPÉ
- 2 CUIL. À SOUPE DE SAUCE SOJA
- 1 CUIL. À SOUPE DE SAUCE D'HUÎTRE
- 2 BLANCS DE POULET SANS LA PEAU COUPÉS EN TRANCHES FINES
- 100 G DE VERMICELLES DE RIZ
- 2 CUIL. À SOUPE D'HUILE DE TOURNESOL
- 2 BRANCHES DE CÉLERI FINEMENT ÉMINCÉES
- 1 CAROTTE ÉPLUCHÉE COUPÉE EN FINES RONDELLES
- 4 OIGNONS VERTS COUPÉS EN FINES RONDELLES
- 1 CUIL. À SOUPE DE CURRY EN POUDRE
- 1 BONNE POIGNÉE DE GERMES DE SOJA
- 1 CUIL. À CAFÉ D'HUILE DE SÉSAME POUR LE GOÛT

- Dans un plat non métallique peu profond, mélangez l'ail, le gingembre, 1 cuil. à soupe de sauce soja et la sauce d'huître. Ajoutez le poulet et remuez-le pour qu'il s'imprègne bien du mélange. Couvrez et laissez mariner 30 min au réfrigérateur.
- Versez les nouilles dans une casserole d'eau bouillante et faites-les cuire 6 min (ou le temps indiqué sur le paquet). Quand elles sont tendres, égouttez-les et réservez.
- Faites chauffer à feu vif un wok ou une poêle à frire, versez-y l'huile et faites-la tourner pour bien en tapisser la paroi. Ajoutez le poulet mariné et faites-le frire 3 à 4 min en remuant. Incorporez le céleri, la carotte et l'oignon et laissez frire 2 min. Parsemez de curry et remuez sur le feu 2 min supplémentaires.
- Ajoutez les nouilles, les germes de soja et l'huile de sésame, puis remuez le tout avec une cuillère en bois pour bien mélanger. Servez immédiatement.

Maquereaux au piment, à l'ail et au citron

J'ai de merveilleux souvenirs d'étés ensoleillés... et de pêche aux maquereaux grâce à mon grand-père Do, quand, sur son bateau, mes cousins et moi nous battions pour manier de lourdes cannes avec un poisson à chaque hameçon. Mon grand-père faisait des ravages et transformait les poissons en filets, en vrai pro, riant de nous, trop délicats pour les décrocher de nos lignes (et cela n'a pas changé !). Pour moi, un plat de maquereaux doit toujours être simple et authentique, c'est pourquoi j'aime bien cette recette rapide et facile à cuisiner, avec sa chaleur apportée par le piment.

POUR 4 PERSONNES

- 4 GROS MAQUEREAUX VIDÉS
- 1 FILET D'HUILE D'OLIVE
- 2 CITRONS COUPÉS EN RONDELLES
- 3 GOUSSES D'AIL PELÉES ET FINEMENT HACHÉES
- 1 PIMENT ROUGE COUPÉ FINEMENT
- SEL DE MER FUMÉ ET POIVRE NOIR FRAÎCHEMENT MOULU
- 1 TRAIT DE JUS DE CITRON, POUR SERVIR

- Préchauffez le gril ou allumez le barbecue.
- Placez les maquereaux dans un plat, huilez-les à l'intérieur et à l'extérieur, puis farcissez-les de citron, d'ail et de piment. Ajoutez une bonne pincée de sel et de poivre.
- Enfournez les maquereaux sous le gril pour 4 à 5 min de chaque côté, ou placez-les pour le même temps de cuisson dans un panier à poisson sur le barbecue.
- Disposez les maquereaux sur un grand plat de service, arrosez-les d'un filet d'huile d'olive et d'un trait de jus de citron. Servez aussitôt.

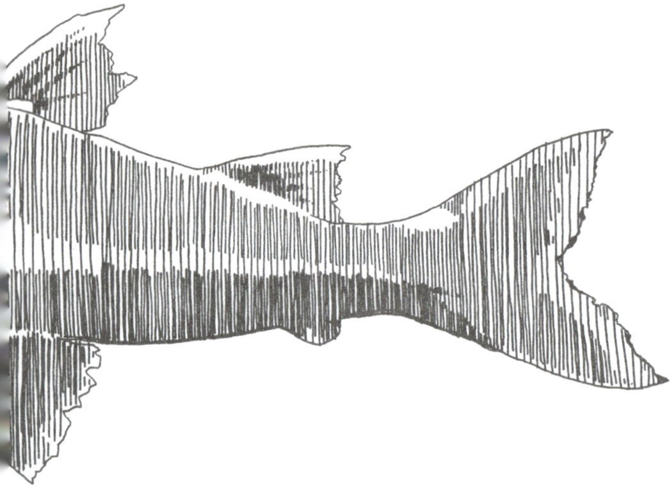

SAUMON TERIYAKI AU FOUR

C'est un plat parfait pour se faire plaisir. J'avais l'habitude de le cuisiner à la poêle, mais j'ai adopté une meilleure méthode le jour où j'ai découvert que la cuisson du saumon au four permettait de le servir plus facilement en un seul morceau. Veillez à utiliser de la sauce soja car elle lui donne une belle couleur. C'est beaucoup mieux de faire mariner le saumon mais si vous n'avez pas le temps, enduisez-le du mélange et faites-le cuire aussitôt.

POUR 6 PERSONNES

- 2 CUIL. À SOUPE DE SAUCE SOJA NOIRE
- 1 CUIL. À SOUPE DE VIN DE RIZ CHINOIS
- 1 CUIL. À SOUPE DE MIEL
- 1 CUIL. À SOUPE DE CASSONADE
- LE JUS DE 1 CITRON
- 1 CUIL. À CAFÉ D'HUILE DE SÉSAME
- 1 GROS PIMENT ROUGE FINEMENT COUPÉ
- 2 GOUSSES D'AIL PELÉES ET HACHÉES
- 6 FILETS DE SAUMON SANS PEAU
- 1 POIGNÉE DE GRAINES DE SÉSAME GRILLÉES À SEC À LA POÊLE (VOIR PAGE 61)
- 6 OIGNONS NOUVEAUX COUPÉS EN FINES RONDELLES

- Dans un plat profond non métallique, fouettez la sauce soja avec le vin de riz, le miel, la cassonade, le jus de citron, l'huile de sésame, le piment et l'ail. Disposez le saumon dans cette marinade, couvrez et réservez 1 h au réfrigérateur (si vous avez le temps).

- Préchauffez le four à 200 °C (th. 6-7).

- Placez le saumon sur la plaque de four et répartissez dessus le reste de marinade. Enfournez pour 10 à 15 min, jusqu'à ce qu'il soit cuit à point. Parsemez des graines de sésame et servez avec des rondelles d'oignon.

PORC EXOTIQUE AUX LÉGUMES FRITS

Le filet de porc est un morceau vraiment pratique car il se prête à toutes les préparations et il est très facile à travailler. Parfois, il faut dégraisser les côtés, mais ne vous en souciez pas trop si vous êtes pris par le temps.

POUR 4 PERSONNES

- 1 MORCEAU DE GINGEMBRE PELÉ ET FINEMENT HACHÉ
- 1 PIMENT ROUGE DÉBARRASSÉ DE SES GRAINES ET FINEMENT COUPÉ
- 2 GOUSSES D'AIL PELÉES ET FINEMENT HACHÉES
- 1 FILET DE PORC (ENVIRON 500 G) COUPÉ EN TRANCHES FINES
- 2 CUIL. À SOUPE DE SAUCE SOJA NOIRE
- 1 CUIL. À SOUPE DE SAUCE D'HUÎTRE
- 1 CUIL. À SOUPE DE MIEL
- 1 CUIL. À CAFÉ DE NUOC-MÂM
- LE JUS DE ½ CITRON VERT
- 2 CAROTTES ÉPLUCHÉES ET COUPÉES EN FINES RONDELLES
- 3 POIVRONS ROUGES COUPÉS EN FINES TRANCHES
- 150 G DE POIS MANGE-TOUT COUPÉS EN BIAIS
- 6 OIGNONS VERTS FINEMENT ÉMINCÉS EN BIAIS
- 1 À 2 CUIL. À SOUPE D'HUILE DE TOURNESOL
- RIZ OU NOUILLES, POUR ACCOMPAGNER (FACULTATIF)

- Divisez en parts égales le gingembre, le piment et l'ail dans 2 bols.
- Mettez les tranches de porc et 1 cuil. à café de sauce soja dans un petit bol, et mélangez.
- Versez la sauce d'huître, le miel, le nuoc-mâm, le jus de citron vert et le reste de sauce soja dans l'autre bol et mélangez. Enrobez de cette vinaigrette les carottes, les poivrons, les pois mange-tout et l'oignon.
- Faites chauffer un peu d'huile dans un wok ou une grande poêle à feu vif, ajoutez le porc et sa marinade et faites frire 2 à 3 min jusqu'à ce que la viande soit bien cuite. Sortez-la du wok et réservez.
- À ce stade, vous pouvez ajouter un peu d'huile dans la poêle. Versez les légumes et faites-les sauter 3 à 4 min, jusqu'à ce qu'ils soient cuits, tout en restant encore un peu fermes. Quand ils sont prêts, ajoutez le porc et mélangez le tout.
- Servez immédiatement, tel quel ou avec du riz ou des nouilles.

FRUITS DE MER CUITS AU FOUR AVEC CITRON, PIMENT ET AIL

Il y a quelques années, j'ai créé ce petit plat tout simple mais, croyez-moi, très impressionnant, pour un repas de Nouvel An romantique. Il a fait un tabac. Évidemment, c'est plus facile si votre conjoint aime les fruits de mer... Si vous n'en avez jamais cuisiné, n'ayez pas peur de vous lancer : ce plat est idéal pour commencer, magnifié par les parfums familiers de l'ail, du piment et du citron. Sentez-vous libre de choisir les fruits de mer que vous aimez.

POUR 2 PERSONNES

- 250 G DE MOULES FRAÎCHES (1 POIGNÉE)
- 250 G DE CLAMS FRAIS (1 POIGNÉE)
- 4 CUIL. À SOUPE DE BEURRE MOU
- 6 CUIL. À SOUPE D'HUILE D'OLIVE
- QUELQUES BRINS DE THYM FRAIS
- 4 GOUSSES D'AIL PELÉES ET FINEMENT COUPÉES
- 1 PIMENT ROUGE FINEMENT COUPÉ
- 6 PINCES DE CRABE
- 4 NOIX DE SAINT-JACQUES
- 6 GROSSES CREVETTES CRUES NON DÉCORTIQUÉES
- SEL DE MER
- LE JUS DE 1 CITRON + UN PEU POUR SERVIR
- QUARTIERS DE CITRON, POUR SERVIR
- FEUILLES DE PERSIL FRAIS HACHÉES, POUR SERVIR

- Préchauffez le four à 200 °C (th. 6-7).
- Plongez les moules et les clams dans un évier rempli d'eau froide et grattez-les soigneusement. Jetez toutes les coquilles ouvertes et qui ne se ferment pas quand vous les cognez sur une surface dure.
- Mettez le beurre, l'huile d'olive, le thym, l'ail et le piment dans un plat et écrasez-les à la fourchette.
- Disposez les fruits de mer sur une grande plaque de four et enduisez-les le mieux possible de ce mélange. Parsemez d'un peu de sel et arrosez du jus de citron. Passez au four 10 min, puis éliminez les coquillages restés fermés.
- Servez avec du jus et des quartiers de citron, ainsi qu'un soupçon de persil frais haché.

Blancs de poulet farcis aux poivrons caramélisés

Voici une des spécialités de ma mère. Elle est la reine du dîner express et, bien qu'elle ait travaillé à temps plein quand nous étions petits, elle nous servait toujours un bon repas chaud prêt en une demi-heure chrono, quoi qu'il arrive. « Et vous avez intérêt à tout manger ! »

POUR 4 PERSONNES

- 110 G DE CHAPELURE BLANCHE BIEN FRAÎCHE
- 50 G DE TOMATES SÉCHÉES GROSSIÈREMENT COUPÉES
- 3 CUIL. À SOUPE DE PESTO (VOIR PAGE 155)
- 4 GROS BLANCS DE POULET AVEC LA PEAU
- 2 GROS POIVRONS ROUGES COUPÉS EN TRANCHES
- 1 À 2 CUIL. À SOUPE DE VINAIGRE BALSAMIQUE
- 3 CUIL. À SOUPE D'HUILE D'OLIVE
- SEL DE MER ET POIVRE NOIR FRAÎCHEMENT MOULU

- Préchauffez le four à 200 °C (th. 6-7).
- Mélangez la chapelure, les tomates séchées et le pesto dans un bol. Salez et poivrez généreusement.
- Disposez les blancs de poulet dans un plat à rôtir et, à l'aide d'un couteau pointu, faites une entaille le long de chaque morceau, en veillant à ne pas les couper en deux. Remplissez cette entaille d'une bonne cuillerée à soupe du mélange.
- Plongez les tranches de poivrons dans le vinaigre balsamique additionné de la moitié de l'huile d'olive et disposez-les autour du poulet. Versez le reste d'huile sur les blancs de poulet, salez et poivrez.
- Enfournez pour 20 à 30 min, jusqu'à ce que le poulet soit doré et cuit à point. Pour servir, recouvrez les blancs de poulet des tranches de poivron caramélisées.

SPAGHETTIS AMATRICIANA

Les pâtes sont un grand classique de la cuisine du placard et se transforment rapidement en un succulent dîner. Cette recette très facile est pleine des saveurs.

POUR 4 PERSONNES

- 300 G DE SPAGHETTIS
- 2 CUIL. À SOUPE D'HUILE D'OLIVE
- 1 OIGNON PELÉ ET FINEMENT ÉMINCÉ
- 2 GOUSSES D'AIL PELÉES ET FINEMENT ÉMINCÉES
- 250 G DE PANCETTA OU DE BACON
- 1 CUIL. À CAFÉ DE FLOCONS DE PIMENT DÉSHYDRATÉS
- 2 X 400 G DE TOMATES CONCASSÉES EN BOÎTE
- SEL DE MER ET POIVRE NOIR FRAÎCHEMENT MOULU
- 1 BONNE POIGNÉE DE PERSIL PLAT FRAIS GROSSIÈREMENT HACHÉ
- 1 BONNE POIGNÉE DE BASILIC FRAIS GROSSIÈREMENT HACHÉ
- 1 PETITE POIGNÉE DE PARMESAN FRAÎCHEMENT RÂPÉ, POUR SERVIR

- Faites cuire les pâtes dans une grande casserole d'eau bouillante en suivant les indications sur le paquet.
- Pendant ce temps, faites chauffer l'huile dans une autre grande casserole à feu moyen, mettez-y l'oignon et l'ail à revenir doucement. Ajoutez la pancetta et les flocons de piment et faites-les revenir. Versez les tomates concassées. Portez à ébullition, puis baissez le feu et laissez mijoter 15 min jusqu'à ce que la sauce réduise de moitié. Salez et poivrez, et parsemez de persil et de basilic.
- Quand les pâtes sont cuites, égouttez-les et ajoutez-les à la sauce, puis mélangez pour bien les imprégner. Servez aussitôt avec le parmesan râpé.

FINGERS DE POISSON AU CITRON

Cette nouvelle interprétation des bâtonnets de poisson maison est une super façon d'apporter de bons nutriments à l'alimentation des plus petits, sans qu'ils le remarquent !

POUR 4 PERSONNES

- 3 CUIL. À SOUPE DE FARINE COMPLÈTE
- 3 CUIL. À SOUPE DE FLOCONS D'AVOINE
- 3 CUIL. À SOUPE DE GRAINES MÉLANGÉES
- 1 GROS ŒUF
- 4 FILETS DE POISSON BLANC (150-200 G) SANS PEAU (ÉGLEFIN OU CABILLAUD) COUPÉS EN GROS MORCEAUX
- HUILE DE TOURNESOL
- SEL DE MER ET POIVRE NOIR FRAÎCHEMENT MOULU

POUR SERVIR

- MESCLUN
- QUARTIERS DE CITRON

- Mélangez la farine avec une bonne pincée de sel et de poivre dans un plat, les flocons d'avoine et les graines dans un autre. Battez l'œuf dans un bol peu profond.

- Passez un morceau de poisson dans la farine et secouez pour éliminer l'excédent, puis dans l'œuf et enfin dans le mélange de flocons et de graines. Posez-le sur un plat et recommencez avec les autres morceaux.

- Versez environ 1 cm d'huile dans une grande poêle à frire et mettez à chauffer à feu vif. Faites cuire le poisson 2 à 3 min de chaque côté jusqu'à ce qu'il dore. Retirez les morceaux avec une écumoire et égouttez-les sur une assiette recouverte d'un papier absorbant.

- Servez avec du mesclun et des quartiers de citron.

BŒUF TOUT SIMPLE À LA SAUCE AUX HARICOTS NOIRS

Un classique dont vous pouvez vraiment sublimer les saveurs. Sa préparation ne prend que quelques minutes et le résultat est à la hauteur !

POUR 4 PERSONNES

- 400 G DE NOUILLES COMPLÈTES
- 400 G DE RUMSTECK COUPÉ EN TRANCHES FINES
- 1 BON MORCEAU DE GINGEMBRE FRAIS PELÉ ET ÉCRASÉ
- 3 GOUSSES D'AIL PELÉES ET ÉCRASÉES
- 1 PIMENT ROUGE FINEMENT ÉMINCÉ
- 5 À 6 OIGNONS VERTS FINEMENT ÉMINCÉS
- 3 CUIL. À SOUPE D'HUILE DE SÉSAME
- HUILE DE TOURNESOL
- 1 CUIL. À CAFÉ DE CASSONADE
- 1 CUIL. À SOUPE DE VIN DE RIZ CHINOIS
- 3 CUIL. À SOUPE DE SAUCE SOJA NOIRE
- 5 CUIL. À SOUPE DE SAUCE DE HARICOTS NOIRS
- LE JUS DE 1 CITRON VERT
- 1 BONNE POIGNÉE DE FEUILLES DE CORIANDRE FRAÎCHE GROSSIÈREMENT HACHÉES

- Faites cuire les nouilles en suivant les indications sur le paquet, égouttez-les et réservez.
- Dans un bol, mélangez le bœuf, le gingembre, l'ail, le piment, l'oignon et l'huile de sésame.
- Faites chauffer un grand wok à feu vif, avec un peu d'huile, et tournez-le pour bien en tapisser la paroi. Ajoutez le bœuf et faites-le sauter 3 à 4 min en mélangeant jusqu'à ce qu'il soit cuit mais tendre. Ajoutez la cassonade, le vin, la sauce soja et celle de haricots noirs, et mélangez. Laissez mijoter quelques minutes et versez le jus de citron.
- Transférez le mélange au bœuf dans un grand plat de service, en laissant un peu de sauce dans le wok. Versez les nouilles et la coriandre dans le wok et mélangez. Ajoutez les nouilles dans le plat de bœuf et servez.

Côtes de porc et boulgour au prosciutto, à la mozzarella et à la sauge

Voici l'un de mes dîners super rapides qui peut être préparé à la minute où vous passez le pas de votre porte. Le boulgour est l'ingrédient magique de mon placard à provisions. C'est du grain de blé déjà cuit, séché et concassé, dont le temps de cuisson est court. Ça ressemble à un couscous au goût de noisette, c'est rapide à préparer et bourré de nutriments. Et c'est aussi bon marché que des frites !

POUR 4 PERSONNES

- 4 GROSSES CÔTES DE PORC
- 4 BELLES FEUILLES DE SAUGE FRAÎCHE
- 110 G DE MOZZARELLA COUPÉE EN 4 TRANCHES FINES
- 4 TRANCHES DE PROSCIUTTO (ENVIRON 60 G)
- POIVRE NOIR FRAÎCHEMENT MOULU

BOULGOUR

- 250 G DE BOULGOUR
- 1 CUIL. À CAFÉ DE BOUILLON DE LÉGUMES EN POUDRE
- 250 G DE TOMATES CERISE GROSSIÈREMENT COUPÉES
- 1 BONNE POIGNÉE DE BASILIC FRAIS GROSSIÈREMENT HACHÉ
- 1 FILET D'HUILE D'OLIVE VIERGE EXTRA
- SEL DE MER

- Mettez le boulgour dans un saladier avec le bouillon en poudre. Couvrez avec deux fois le volume d'eau bouillante et remuez pour mélanger. Couvrez d'un film alimentaire et laissez gonfler 10 à 15 min, le temps que le boulgour absorbe toute l'eau.
- Préchauffez le gril à température moyenne.
- Placez les côtes sur un plat et poivrez-les des deux côtés. Pressez une feuille de sauge sur une face, puis retournez les côtes et placez une tranche de mozzarella sur l'autre. Vous allez avoir maintenant l'occasion de démontrer vos compétences de chef en enveloppant chaque côte dans le prosciutto. Mon conseil : étalez une tranche de prosciutto sur une planche, posez la côte de porc dessus (la sauge au-dessous), puis emballez-la tout simplement.
- Disposez les côtes sur une plaque de four et mettez celle-ci sous le gril 3 à 4 min de chaque côté jusqu'à ce que la viande soit cuite à point.
- Quand le boulgour est cuit, aérez-le à la fourchette, puis égouttez l'excès d'eau. Ajoutez les tomates, le basilic, l'huile d'olive et salez.
- Servez les côtes de porc avec une bonne portion de boulgour et réjouissez-vous d'avoir concocté un dîner savoureux en quelques minutes !

PÂTES AU POULET ET AUX ÉPINARDS À LA CRÈME

J'adore les recettes qui vous inspirent de la nostalgie, et celle-ci n'y manque jamais. Au cours d'une autre vie, je faisais partie d'un groupe avec mon copain suédois Jonathan et, chez lui, j'ai glané cette recette de sa « Mama » Kerstin. En voilà une qui savait comment nourrir notre bande d'affamés ! Ce plat est absolument délicieux.

POUR 4 PERSONNES

- **300 G DE TAGLIATELLE**
- **1 NOIX DE BEURRE**
- **400 G DE BLANCS DE POULET SANS PEAU COUPÉS EN AIGUILLETTES ÉPAISSES**
- **3 GOUSSES D'AIL PELÉES ET FINEMENT HACHÉES**
- **50 G DE TOMATES SÉCHÉES PRÊTES À L'EMPLOI**
- **150 G DE JEUNES POUSSES D'ÉPINARDS**
- **25 CL DE CRÈME LIQUIDE**
- **SEL DE MER ET POIVRE NOIR FRAÎCHEMENT MOULU**

- Faites cuire les pâtes en suivant les instructions sur le paquet.
- Pendant ce temps, faites fondre le beurre à feu vif dans une grande poêle à frire. Quand il mousse, ajoutez le poulet et faites-le revenir 4 à 6 min jusqu'à ce qu'il soit cuit à point. Ajoutez l'ail, les tomates séchées et les épinards, et laissez cuire jusqu'à ce que les épinards se flétrissent.
- Ajoutez la crème et laissez frémir 3 à 4 min à température constante, puis salez et poivrez. Quand les pâtes sont cuites, égouttez-les et mettez-les dans la sauce. Mélangez bien et servez aussitôt.

Omelette à la tomate et à l'avocat

Une recette idéale pour un en-cas ou un petit déjeuner rapide. J'ai découvert ce plat lors d'un séjour à L.A. Nous étions en train de nous régaler dans un super café, quand mon oncle (et moniteur de surf) Niall, qui vit là-bas, nous a entraînés sur la plage de Santa Monica pour une leçon.

POUR 1 PERSONNE (VÉGÉTARIEN)

- 2 GROS ŒUFS
- UN PEU DE LAIT
- 1 CUIL. À SOUPE DE BEURRE
- ½ AVOCAT DÉNOYAUTÉ, PELÉ ET COUPÉ EN GROSSES TRANCHES
- 6 TOMATES CERISE COUPÉES EN QUATRE
- SEL DE MER ET POIVRE NOIR FRAÎCHEMENT MOULU

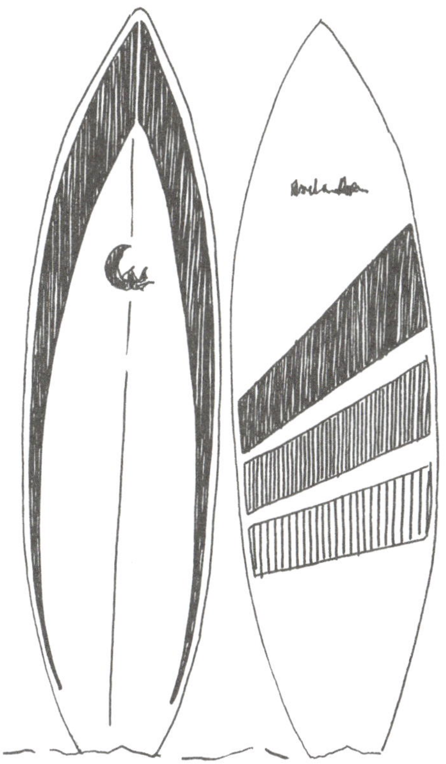

- Battez les œufs avec le lait dans un bol. Salez et poivrez.
- Faites chauffer une petite poêle d'environ 20 cm de diamètre à feu vif et mettez-y le beurre. Lorsqu'il mousse, versez les œufs et, à l'aide d'une spatule, faites glisser les bords de l'omelette vers le centre, de façon à ce que l'œuf battu s'écoule vers le bord de la poêle. Poursuivez 1 à 2 min, jusqu'à ce que les œufs soient cuits.
- Quand ils sont encore un peu liquides, pliez l'omelette en deux, puis approchez la poêle de l'assiette et faites-y glisser l'omelette. Veillez à ne pas la laisser cuire trop longtemps : la cuisson continue le temps de la mettre dans son plat.
- Pour servir, garnissez-la des tranches d'avocat et des quartiers de tomates, avec une pincée supplémentaire de sel et de poivre.

NASI GORENG EXTRA

Comme la première question qu'on me pose quand je parle de ce plat est : « Mais qu'est-ce que c'est, le *nasi goreng* ? », je vais vous l'expliquer. C'est un riz simplement frit, auquel on a donné un coup de pied au derrière, qu'on a mis en orbite autour de la Lune, puis rapatrié avec une bonne claque de piment et un œuf frit par-dessus, juste au cas où vous ne seriez pas encore réveillé ! Ça a l'air un peu compliqué mais, vraiment, il suffit juste de préparer la pâte, trancher la viande et frire les œufs. Le riz est meilleur cuit à l'avance (la veille), puis refroidi. Je vous promets que si vous l'essayez, vous l'adoptez !

POUR 4 PERSONNES

- 2 CUIL. À SOUPE D'HUILE D'ARACHIDE
- 4 GOUSSES D'AIL PELÉES
- 2 PIMENTS THAÏS ROUGES, + 1 POUR SERVIR
- 1 CUIL. À CAFÉ DE GRAINES DE CORIANDRE
- 1 CUIL. À SOUPE DE NUOC-MÂM
- 1 CUIL. À SOUPE DE KETCHUP
- 2 BELLES ÉCHALOTES PELÉES ET ÉMINCÉES
- 3 CUIL. À SOUPE D'HUILE DE TOURNESOL
- 300 G DE GROSSES CREVETTES CRUES, DÉCORTIQUÉES ET DÉVEINÉES
- 2 BLANCS DE POULET SANS PEAU COUPÉS EN FINES LAMELLES
- 250 G DE RIZ BASMATI CUIT ET REFROIDI
- 1 CUIL. À SOUPE DE SAUCE SOJA NOIRE
- 1 CUIL. À SOUPE DE *KECAP MANIS* (SAUCE SOJA INDONÉSIENNE)
- 2 OIGNONS VERTS FINEMENT ÉMINCÉS + UN PEU POUR SERVIR
- 4 GROS ŒUFS
- CHIPS DE CREVETTE, POUR SERVIR (FACULTATIF)

- Mixez l'huile d'arachide, l'ail, les piments, les graines de coriandre, le nuoc-mâm, le ketchup et les échalotes jusqu'à obtenir une pâte lisse.
- Dans un grand wok ou une poêle profonde, faites chauffer 1 cuil. à soupe d'huile de tournesol à feu vif. Ajoutez une cuillerée de pâte et faites-la cuire en remuant pendant 1 min, le temps que tous les arômes s'exhalent. Mettez ensuite les crevettes et le poulet dans le wok et remuez 2 à 3 min, jusqu'à ce qu'ils soient bien cuits. Réservez au chaud.
- Faites revenir le reste de la pâte de la même façon, pendant 3 à 4 min, avec 1 cuil. à soupe d'huile de tournesol, puis ajoutez le riz cuit, la sauce soja, le *kecap manis* et les oignons verts. Quand le riz est bien enrobé et brûlant, remettez le poulet et les crevettes dans le wok et remuez jusqu'à ce qu'ils soient chauds.
- Répartissez le *nasi goreng* dans quatre assiettes et faites frire les œufs rapidement à la poêle dans le reste d'huile.
- Servez chaque portion surmontée d'un œuf, de quelques rondelles d'oignons verts et de piment, et éventuellement, de chips de crevette.

PORC ASIATIQUE DANS SA FEUILLE DE LAITUE

Vous allez découvrir ce qui est de loin ma recette préférée pour des soirées entre amis. Ce plat a un goût étonnant, et j'espère qu'il deviendra l'une de vos recettes de base. Le mélange de viandes aux saveurs légères et aromatiques est servi dans de jeunes feuilles de romaine qui forment de parfaits amuse-bouche.

POUR 4 PERSONNES

- 1 CUIL. À SOUPE D'HUILE DE TOURNESOL
- 250 G DE HACHIS DE PORC MAIGRE
- 3 GOUSSES D'AIL PELÉES ET FINEMENT HACHÉES
- 1 PIMENT ROUGE ÉGRÉNÉ ET FINEMENT ÉMINCÉ
- 1 CUIL. À SOUPE DE NUOC-MÂM
- 1 CUIL. À SOUPE DE SAUCE SOJA NOIRE
- 1 CUIL. À SOUPE DE SUCRE SEMOULE
- 5 OIGNONS VERTS FINEMENT ÉMINCÉS
- 8 FEUILLES DE MENTHE FRAÎCHE FINEMENT CISELÉES
- LE JUS DE 1 CITRON VERT

POUR SERVIR

- 2 JEUNES ROMAINES, FEUILLES DÉTACHÉES
- SAUCE THAÏE AU PIMENT DOUX

- Faites chauffer l'huile de tournesol dans une grande poêle à frire à feu vif. Ajoutez le hachis de porc et faites-le cuire 2 à 3 min jusqu'à ce qu'il soit tendre. Émiettez-le avec une cuillère en bois pendant la cuisson. Ajoutez l'ail et le piment et laissez rissoler quelques minutes.

- Versez le nuoc-mâm, la sauce soja et le sucre sur la viande et mélangez. Laissez cuire 1 min, le temps que la viande prenne une belle couleur. Ajoutez la moitié des oignons et de la menthe, puis le jus de citron. Poursuivez la cuisson 1 à 2 min jusqu'à ce que les oignons soient tendres. Retirez du feu et laissez tiédir.

- Disposez une bonne cuillerée de porc aromatisé dans chaque feuille de romaine, avec au-dessus un trait de sauce thaïe, puis garnissez du reste d'oignons et de menthe.

POUR VOS SOIRÉES

Autant j'apprécie la cuisine familiale pleine de chaleur, autant j'aime aussi picorer de petites mises en bouche fortes en goût. Et si toutes les recettes de ce chapitre sont parfaites pour une soirée entre amis, je dois admettre que je raffole de certaines d'entre elles quand je mange seul… Les soirées sont l'occasion de goûter un tas de saveurs différentes en même temps, et une chance d'expérimenter de nouvelles idées. Alors, j'essaie de sortir des sentiers battus. Comme tous les cuisiniers amateurs, il me semble que le désir d'impressionner occupe toujours mon esprit quand je cuisine pour d'autres personnes. La préparation est sans aucun doute la clé du succès. Elle évite d'avoir trop de tâches à effectuer au moment où les invités arrivent. Ma méthode consiste à préparer le plus de choses possible à l'avance, de telle façon que lorsque les convives passent ma porte, il n'y ait plus que le dressage à faire. Une autre façon de diminuer la pression est de recevoir des gens qui s'impliquent : j'ai organisé des soirées où chacun apportait la pizza qu'il avait faite, les fajitas qu'il avait cuisinées, voire les sushis qu'il avait roulés ! Ou alors des invités qui prennent en charge la réalisation des cocktails – ils peuvent être très marrants à préparer et ce sont eux qui font démarrer la soirée. J'indique ici les recettes de mes favoris, ainsi que celles de quelques « mocktails » sans alcool que les enfants adorent et qui sont très désaltérants en été.

DIP D'AUBERGINE RÔTIE ET PITAS AUX HERBES ET À L'AIL

Ce dip l'emporte largement sur ce que mon meilleur pote Jonathan appelle le « tartinage ». C'est-à-dire, *grosso modo*, la collection de canapés qu'on fabrique à tour de bras pour une soirée.

POUR 4 PERSONNES (VÉGÉTARIEN)

- 2 AUBERGINES
- 3 GOUSSES D'AIL PELÉES ET FINEMENT ÉMINCÉES
- LE JUS DE ½ CITRON
- 2 CUIL. À SOUPE D'HUILE D'OLIVE VIERGE EXTRA + QUELQUES GOUTTES, POUR DRESSER
- 2 CUIL. À SOUPE DE YAOURT NATURE
- 2 CUIL. À SOUPE DE CORIANDRE FRAÎCHE CISELÉE + UN PEU POUR SERVIR
- SEL DE MER ET POIVRE NOIR FRAÎCHEMENT MOULU

PITAS AUX HERBES CROUSTILLANTES ET À L'AIL

- 3 GOUSSES D'AIL PELÉES ET FINEMENT ÉMINCÉES
- 2 CUIL. À CAFÉ D'ORIGAN SÉCHÉ
- 4 CUIL. À SOUPE D'HUILE D'OLIVE
- 6 PAINS PITA AU BLÉ COMPLET COUPÉS EN GROS MORCEAUX
- SEL DE MER ET POIVRE NOIR FRAÎCHEMENT MOULU

- Préchauffez le four à 200 °C (th. 6-7).
- Piquez la peau des aubergines à la fourchette, puis placez-les sur une plaque de four. Faites-les rôtir 40 min jusqu'à ce qu'elles soient tendres.
- Sortez les aubergines du four et laissez-les tiédir avant de racler leur chair avec une cuillère et de la mettre dans un bol. Ajoutez l'ail, le jus de citron et l'huile d'olive vierge extra, et mélangez bien. Salez et poivrez à votre goût. Terminez en incorporant le yaourt et la coriandre ciselée.
- Pour les pitas aux herbes croustillantes et à l'ail, fouettez l'ail, l'origan et l'huile d'olive dans un bol. Trempez-y les morceaux de pita pour qu'ils soient bien imprégnés, puis placez-les sur une plaque et enfournez pour 12 min jusqu'à ce qu'ils croustillent.
- Servez le dip parsemé de quelques gouttes d'huile d'olive et de coriandre ciselée, accompagné des morceaux de pita.

Ailes de poulet buffalo épicées

Enfant, je me souviens avoir été perturbé par l'idée que les bisons puissent avoir des ailes. Quelque chose que vous ignorez peut-être, c'est que le nom « ailes de poulet buffalo » vient de leur lieu d'origine, la ville de Buffalo dans l'État de New York. Mais l'histoire des bisons qui peuvent voler intriguera toujours vos jeunes invités. Ces ailes épicées sont rudement goûteuses et gagnent à être servies avec du céleri croquant pour rafraîchir le palais.

POUR 6-8 PERSONNES

- 110 G DE BEURRE
- 12 CL DE SAUCE AU PIMENT FORT (LOUISIANE)
- ½ CUIL. À SOUPE DE SAUCE WORCESTERSHIRE
- ½ CUIL. À SOUPE DE PAPRIKA
- ½ CUIL. À SOUPE DE POIVRE DE CAYENNE
- 1,3 KG D'AILES DE POULET
- BRANCHES DE CÉLERI, POUR SERVIR
- SEL DE MER ET POIVRE NOIR FRAÎCHEMENT MOULU

DIP AU FROMAGE PERSILLÉ

- 10 CL DE CRÈME AIGRE
- 110 G DE FROMAGE PERSILLÉ EN MORCEAUX
- 12 CL DE MAYONNAISE
- ½ CUIL. À SOUPE DE JUS DE CITRON
- 3 GOUSSES D'AIL PELÉES FINEMENT ÉMINCÉES

- Préchauffez le four à 200 °C (th. 6-7).
- Fouettez le beurre, la sauce au piment, la sauce Worcestershire, le paprika, le poivre de Cayenne, le sel et le poivre dans une casserole à feu vif. Portez à ébullition, puis baissez le feu et laissez mijoter 10 min jusqu'à ce que le mélange épaississe légèrement.
- Disposez les ailes sur deux grandes plaques de four et arrosez-les de la moitié de la sauce. Remuez pour les enrober et enfournez pour 40 min de cuisson jusqu'à ce qu'elles soient à point. Mettez-les dans un saladier. Réchauffez la sauce restante, versez-la sur les ailes et mélangez pour la répartir.
- Mixez les ingrédients du dip jusqu'à ce qu'ils forment un mélange lisse et crémeux. Servez avec les ailes de poulet chaudes et des branches de céleri.

Tartelettes au chèvre et aux oignons caramélisés

Je suis carrément accro à ces saveurs déposées dans une délicieuse pâte sablée, idéales pour des petites bouchées gourmandes !

POUR 6 PERSONNES
POUR 12 TARTELETTES ENVIRON

- 1 GROSSE NOIX DE BEURRE
- 1 CUIL. À SOUPE D'HUILE D'OLIVE
- 2 OIGNONS PELÉS, COUPÉS EN DEUX PUIS EN DEMI-LUNES FINES
- 1 CUIL. À SOUPE DE VINAIGRE BALSAMIQUE
- 1 CUIL. À SOUPE DE CASSONADE
- 450 G DE PÂTE FEUILLETÉE SURGELÉE (2 PIÈCES)
- FARINE, POUR SAUPOUDRER
- 1 GROS ŒUF BATTU
- 6 CUIL. À SOUPE DE PESTO (VOIR PAGE 155)
- 1 BONNE POIGNÉE DE BASILIC FRAIS GROSSIÈREMENT CISELÉ
- 110 G DE FROMAGE DE CHÈVRE COUPÉ EN 12 MORCEAUX
- SEL DE MER ET POIVRE NOIR FRAÎCHEMENT MOULU

MATÉRIEL

- 1 EMPORTE-PIÈCE DE 6 CM

- Faites chauffer le beurre et l'huile dans une poêle à feu vif. Ajoutez les oignons et faites-les revenir 7 à 8 min jusqu'à ce qu'ils dorent. Versez le vinaigre et la cassonade, puis salez et poivrez. Baissez le feu et laissez mijoter jusqu'à ce que les oignons fondent en une purée caramélisée. Retirez la poêle du feu et laissez refroidir.
- Déroulez les feuilles de pâte et découpez-y 12 ronds à l'emporte-pièce.
- Saupoudrez une plaque à pâtisserie d'un peu de farine et disposez les ronds de pâte dessus. Piquez chacun d'eux deux ou trois fois avec une fourchette et badigeonnez leur circonférence d'œuf battu.
- Déposez une cuillerée à café de pesto au centre de chaque rond, puis le basilic ciselé, un morceau de fromage de chèvre et un peu d'oignon caramélisé.
- Enfournez pour 10 à 15 min, jusqu'à ce que la pâte ait gonflé et doré.

ALLUMETTES AU PARMESAN ET GRAINES DE PAVOT

Lorsque je reçois, je fais parfois l'impasse sur l'entrée et propose à la place une sélection de petites bouchées que les invités peuvent grignoter avant le plat principal. Ces allumettes de pâte feuilletée semblent compliquées mais elles se préparent en quelques instants et vos convives s'en souviendront.

POUR 6-8 PERSONNES
POUR ENVIRON 24 ALLUMETTES

- FARINE, POUR SAUPOUDRER
- 450 G DE PÂTE FEUILLETÉE SURGELÉE (2 PIÈCES)
- 1 ŒUF BATTU
- 50 G DE PARMESAN RÂPÉ
- 1 À 2 CUIL. À SOUPE DE GRAINES DE PAVOT
- SEL DE MER ET POIVRE NOIR FRAÎCHEMENT MOULU

- Préchauffez le four à 200 °C (th. 6-7). Saupoudrez 2 plaques de four de farine.
- Déroulez une feuille de pâte sur l'une des surfaces farinées. Badigeonnez-la d'œuf battu, puis saupoudrez de la moitié du parmesan et des graines de pavot. Salez et poivrez. Enfoncez doucement la garniture dans la pâte, puis découpez-y environ 12 bandes de 2,5 cm de large. Tordez les bandes deux fois dans le même sens et disposez-les sur l'autre plaque. Renouvelez l'opération avec la seconde feuille de pâte.
- Enfournez pour 8 à 10 min, le temps que la pâte gonfle et dore. Laissez refroidir avant de servir.

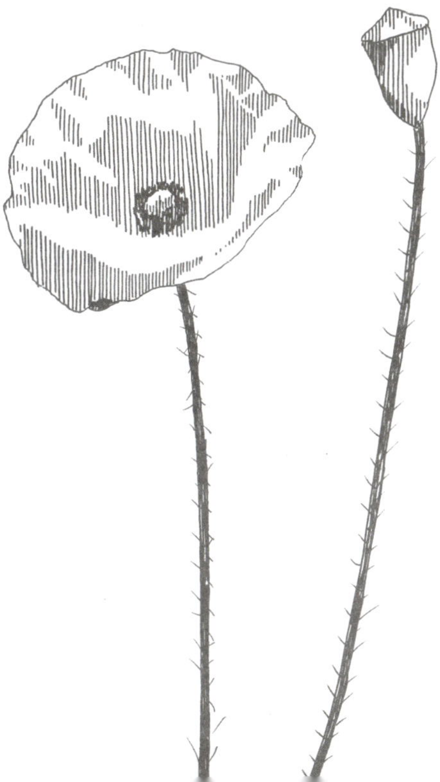

Chips tortillas au fromage

J'ai toujours quelques petits plats en réserve pour faire de l'effet avec un minimum d'efforts. Comme ces savoureuses chips tortillas, une idée que m'a soufflée ma charmante amie Tesse. Elles sont prêtes en quelques minutes et idéales pour l'apéritif. J'utilise du cheddar, mais vous pouvez essayer avec d'autres fromages. Parfois, j'ajoute des tranches d'oignon rouge pour leur donner une petite saveur supplémentaire.

POUR 4-6 PERSONNES (VÉGÉTARIEN)

- 1 SAC DE 200 G DE CHIPS TORTILLAS NATURE
- 1 POT DE 235 G DE SAUCE SALSA
- 150 G DE CHEDDAR RÂPÉ

- Préchauffez le four à 200 °C (th. 6-7).
- Placez les chips tortillas sur une grande feuille à pâtisserie. Déposez ½ cuil. à café de salsa de tomate sur chacune, puis garnissez d'un peu de cheddar râpé.
- Enfournez pour 6 à 8 min, le temps que le fromage prenne une belle couleur doré foncé. Servez aussitôt.

TOAST CIABATTA FROTTÉ À L'AIL

Voici ma version du pain à l'ail. Ne vous embêtez pas à utiliser des tonnes de beurre et à hacher l'ail. Toastez simplement une ciabatta de bonne qualité, tendre avec une croûte craquante, frottez-la avec une gousse d'ail, arrosez-la d'huile d'olive et assaisonnez de gros sel.

POUR 4-6 PERSONNES (VÉGÉTARIEN)

- 1 PAIN CIABATTA (ENVIRON 250 G)
- HUILE D'OLIVE, POUR ARROSER
- 2 BELLES GOUSSES D'AIL PELÉES ET COUPÉES EN DEUX
- GROS SEL DE MER

- Faites chauffer le gril du four à chaleur moyenne.
- Coupez le pain en tranches de 1 cm d'épaisseur et arrosez-les d'un filet d'huile d'olive des deux côtés. Disposez-les sur une plaque de four, puis sous le gril chaud pour les toaster des deux côtés.
- Frottez une des faces de chaque toast avec un morceau d'ail et assaisonnez de sel de mer. Servez aussitôt.

BURGERS DE PORC

Bien que ce ne soit pas la vraie recette des burgers, elle est incontournable ! C'est une invention américaine qui tire le meilleur parti d'une pièce de porc et en fait une délicieuse viande, tendre et qui met l'eau à la bouche, arrosée d'une belle sauce épicée.

POUR 6-8 PERSONNES

- 1 ÉPAULE DE PORC SANS OS (ENVIRON 1,5 KG)
- 6 À 8 BUNS COUPÉS EN DEUX
- SALADE DE CHOU ROUGE ET DE CAROTTE (VOIR PAGE 110)

MARINADE

- 1 GROS OIGNON PELÉ ET FINEMENT ÉMINCÉ
- 6 GOUSSES D'AIL PELÉES ET GROSSIÈREMENT HACHÉES
- 2 CUIL. À CAFÉ DE PIMENT EN POUDRE
- 1 CUIL. À CAFÉ DE GRAINES DE CORIANDRE
- 2 CUIL. À SOUPE DE MOUTARDE ANGLAISE EN POUDRE
- 17,5 CL DE VINAIGRE BLANC
- 1 CUIL. À CAFÉ DE PAPRIKA
- 5 CUIL. À SOUPE DE KETCHUP
- 2 CUIL. À CAFÉ DE SAUCE WORCESTERSHIRE
- 1 CUIL. À SOUPE DE MÉLASSE
- 50 G DE CASSONADE BRUNE
- 1 CUIL. À CAFÉ DE SEL

- Mixez tous les ingrédients de la marinade dans un blender ou travaillez-les au pilon dans un mortier pour obtenir un mélange lisse.

- Mettez le porc dans une grande casserole ou une cocotte, ajoutez la marinade et remuez jusqu'à ce que la viande soit bien enrobée. Couvrez et laissez reposer au réfrigérateur environ 2 h, ou toute la nuit si vous avez le temps. Vous pouvez également vous contenter de cuire la viande telle quelle.

- Placez la casserole ou la cocotte sur feu vif, ajoutez de l'eau à hauteur et portez à ébullition. Baissez le feu, couvrez et laissez mijoter 1 h 30 jusqu'à ce que la viande se défasse à la fourchette. (Le temps de cuisson dépendant du morceau, vous devrez probablement la cuire plus longtemps si vous voulez qu'elle soit vraiment tendre.)

- Sortez l'épaule de la sauce avec une fourchette à viande et découpez-la en morceaux. Transférez-les dans un plat chaud, couvrez et réservez. Faites mijoter la sauce 8 à 10 min jusqu'à ce qu'elle réduise et épaississe.

- Faites griller légèrement les demi-buns, déposez-y un peu de salade de chou rouge et de carotte, puis une cuillerée de viande légèrement arrosée de sauce.

CROSTINIS DE BŒUF AVEC ROQUETTE, PARMESAN ET PIGNONS

Ces crostinis de bœuf sont parfaits car ils font leur petit effet tout en permettant à vos invités de manger avec les doigts. Vous voudrez vite doubler les doses car il n'en reste jamais un seul ! Passez les pignons à la poêle à feu vif, mais surveillez-les car ils grillent très vite.

POUR 8 MINI-CROSTINIS

- 110 G D'ALOYAU OU DE CONTRE-FILET
- HUILE DE TOURNESOL POUR FRIRE
- 50 G DE ROQUETTE
- 50 G DE PIGNONS LÉGÈREMENT GRILLÉS
- 1 BONNE POIGNÉE DE COPEAUX DE PARMESAN
- 8 TRANCHES DE CIABATTA FROTTÉES À L'AIL (VOIR PAGE 57)
- HUILE D'OLIVE VIERGE EXTRA, POUR SERVIR
- SEL DE MER ET POIVRE NOIR FRAÎCHEMENT MOULU

ASSAISONNEMENT

- 3 CUIL. À SOUPE D'HUILE D'OLIVE VIERGE EXTRA
- 1 CUIL. À SOUPE DE VINAIGRE BALSAMIQUE
- 1 GOUSSE D'AIL PELÉE ET ÉCRASÉE
- SEL DE MER ET POIVRE NOIR FRAÎCHEMENT MOULU

- Assaisonnez la viande d'un bon tour de moulin à poivre des deux côtés.
- Faites chauffer de l'huile de tournesol dans une poêle à feu vif. Ajoutez la viande et faites-la cuire à point, 2 à 3 min de chaque côté. Transférez-la sur une assiette, couvrez d'une feuille de papier d'aluminium et laissez reposer.
- Fouettez tous les ingrédients de l'assaisonnement dans un saladier. Ajoutez la roquette et les pignons grillés et mélangez bien.
- Découpez la viande en tranches fines en gardant le jus qui s'en écoule, salez et remuez les tranches dans le jus.
- Montez les crostinis : placez 2 tranches de bœuf sur chaque tranche de ciabatta. Ajoutez 2 feuilles de roquette, parsemez de pignons et de copeaux de parmesan, et terminez avec un tour de moulin à poivre et quelques gouttes d'huile d'olive.

Croquettes de poisson

Les croquettes de poisson sont vraiment simples à cuisiner. En gros, vous mélangez tous les ingrédients, leur donnez une forme, puis vous les faites frire. Rien de plus facile ! Essayez des goûts différents – moi, je les aime épicées et ajoute donc un piment pour corser leur saveur, mais vous n'êtes pas obligé de faire pareil.

POUR 4 PERSONNES

- 450 G DE FILETS DE POISSON BLANC (ÉGLEFIN OU CABILLAUD) SANS PEAU
- 1 CUIL. À SOUPE DE NUOC-MÂM
- 1 GROS ŒUF
- 1 BONNE POIGNÉE DE CORIANDRE FRAÎCHE GROSSIÈREMENT HACHÉE + QUELQUES FEUILLES, POUR SERVIR
- 1 CUIL. À SOUPE DE PÂTE DE CURRY ROUGE
- 1 PIMENT ROUGE (FACULTATIF) + 1 PIMENT COUPÉ EN RONDELLES, POUR SERVIR
- 2 GOUSSES D'AIL PELÉES
- 1 MORCEAU DE GINGEMBRE FRAIS PELÉ ET FINEMENT HACHÉ
- LE ZESTE RÂPÉ ET LE JUS DE 1 CITRON VERT + DES QUARTIERS, POUR SERVIR
- 75 G DE HARICOTS VERTS ÉMINCÉS
- 5 À 6 OIGNONS VERTS GROSSIÈREMENT COUPÉS EN BIAIS
- 4 CUIL. À SOUPE D'HUILE VÉGÉTALE
- SAUCE THAÏE AU PIMENT DOUX, POUR SERVIR

- Passez le poisson au mixeur, juste 3 s, jusqu'à obtenir une pâte. Ajoutez le nuoc-mâm, l'œuf, la coriandre, la pâte de curry, le piment, l'ail, le gingembre, le zeste et le jus de citron, puis mixez à nouveau pour bien mélanger. Ôtez la lame du mixeur, puis incorporez les haricots verts et un peu plus de la moitié des oignons.

- Les mains humides, façonnez 12 boules, puis aplatissez celles-ci pour former les croquettes.

- Faites chauffer l'huile dans une grande poêle, à feu vif, et faites frire les croquettes en deux fournées, 2 min de chaque côté. Sortez-les avec une spatule et mettez-les à égoutter sur un plat recouvert de papier absorbant.

- Garnissez les croquettes avec l'oignon restant, quelques rondelles de piment (si vous voulez) et des feuilles de coriandre. Servez aussitôt avec les quartiers de citron et la sauce thaïe.

BURGERS D'AGNEAU À L'OIGNON ET À L'AVOCAT

J'adore les burgers d'agneau parce que leur saveur m'évoque toujours l'été. Quand la météo s'y prête, ils sont délicieux cuits au barbecue. Et si vous n'aimez pas la viande d'agneau, remplacez-la par du bœuf ou du porc.

POUR 4 PERSONNES

- **500 G D'AGNEAU HACHÉ**
- **1 CUIL. À SOUPE D'HUILE D'OLIVE**
- **1 OIGNON PELÉ ET FINEMENT HACHÉ**
- **3 GOUSSES D'AIL PELÉES ET FINEMENT HACHÉES**
- **1 CUIL. À CAFÉ D'ORIGAN SÉCHÉ**
- **½ CUIL. À CAFÉ DE SEL**
- **½ CUIL. À CAFÉ DE POIVRE NOIR FRAÎCHEMENT MOULU**
- **½ CUIL. À CAFÉ DE CUMIN EN POUDRE**
- **1 CUIL. À SOUPE DE KETCHUP**
- **1 CUIL. À CAFÉ DE SAUCE WORCESTERSHIRE**

POUR SERVIR

- **4 GROS BUNS, COUPÉS EN DEUX**
- **2 AVOCATS PELÉS, DÉNOYAUTÉS ET COUPÉS EN TRANCHES**
- **1 OIGNON ROUGE PELÉ ET COUPÉ EN RONDELLES FINES**
- **1 BONNE POIGNÉE DE FEUILLES DE ROQUETTE**

- Préchauffez le gril du four.
- Mélangez les ingrédients dans un saladier. Divisez cette préparation en 4 portions et façonnez-les en forme de burger.
- Disposez les burgers sur une plaque de four et faites-les cuire sous le gril chaud 4 à 5 min de chaque côté.
- Servez chaque burger dans un bun avec des tranches d'avocats, des rondelles d'oignon et quelques feuilles de roquette.

BURGERS DE POULET TERIYAKI

Les burgers au poulet changent agréablement de ceux au bœuf, et la marinade teriyaki les rend encore meilleurs. Essayez de les laisser mariner aussi longtemps que possible ; par exemple, placez les blancs avec la marinade dans un sac congélation, mettez celui-ci au congélateur au moins trois mois, puis servez-vous quand vous voulez !

POUR 4 PERSONNES

- 4 BLANCS DE POULET SANS LA PEAU
- 4 GOUSSES D'AIL PELÉES ET ÉCRASÉES
- 4 CUIL. À SOUPE DE SAUCE TERIYAKI
- 1 CUIL. À SOUPE DE MIEL
- LE JUS DE ½ CITRON VERT
- HUILE DE TOURNESOL POUR BADIGEONNER

POUR SERVIR

- 4 PETITS BUNS AUX GRAINES DE SÉSAME COUPÉS EN DEUX
- 5 À 6 OIGNONS VERTS FINEMENT ÉMINCÉS EN BIAIS
- MAYONNAISE (VOIR PAGE 173)

- Disposez les blancs de poulet dans un grand récipient peu profond avec l'ail, la sauce teriyaki, le miel, le jus de citron, et mélangez jusqu'à ce que la viande soit bien enrobée. Couvrez et laissez mariner au réfrigérateur au moins 1 h, ou une nuit si possible.
- Huilez un grand gril en fonte ou une poêle antiadhésive et faites chauffer à feu vif. Placez-y les blancs marinés et égouttés, et faites-les cuire à cœur 3 à 4 min de chaque côté, jusqu'à ce qu'ils prennent une belle couleur.
- Toastez les moitiés de buns de chaque côté, puis garnissez-les avec un blanc mariné, quelques rondelles d'oignons et une bonne cuillerée de mayonnaise.

BOULETTES COCKTAIL

Voici une variante de la recette de tante Annie, qu'elle a découverte aux États-Unis. Cela peut paraître bizarre d'utiliser de la soupe en boîte mais vous allez voir : ça marche ! Quand tout aura fini de cuire à petits bouillons, vous obtiendrez des boulettes de viande étonnantes, caramélisées et goûteuses. Vos invités n'en reviendront pas ! C'est un excellent plat à préparer d'avance que vous sortez du frigo et réchauffez quand vous en avez besoin. Servez les boulettes sur les piques à cocktail les plus rétro que vous avez sous la main !

POUR 8 PERSONNES

- **450 G DE BŒUF HACHÉ**
- **½ GROS OIGNON PELÉ ET FINEMENT HACHÉ**
- **½ POIVRON VERT FINEMENT HACHÉ**
- **4 CUIL. À SOUPE DE MIE DE PAIN BLANC**
- **1 GROS ŒUF BATTU**
- **1 GOUTTE DE TABASCO®**
- **½ CUIL. À CAFÉ DE SEL**

SAUCE

- **30 G DE BEURRE**
- **½ GROS OIGNON PELÉ ET FINEMENT HACHÉ**
- **½ POIVRON VERT FINEMENT HACHÉ**
- **340 G DE SOUPE DE TOMATE EN BRIQUE**
- **2 CUIL. À SOUPE DE CASSONADE**
- **1 CUIL. À SOUPE DE VINAIGRE DE VIN BLANC**
- **1 CUIL. À SOUPE DE SAUCE WORCESTERSHIRE**
- **1 CUIL. À CAFÉ DE MOUTARDE ANGLAISE**

- Préchauffez le gril.
- Dans un saladier, mélangez bien le bœuf haché, l'oignon, le poivron vert, la mie de pain, l'œuf et le Tabasco®.
- Façonnez des boulettes d'environ 3 cm de diamètre. Disposez-les sous le gril chaud pour 10 à 12 min en les retournant de temps en temps, jusqu'à ce qu'elles dorent de tous côtés.
- Pour la sauce, faites fondre le beurre à feu moyen dans une casserole, mettez-y l'oignon, le poivron et faites-les sauter jusqu'à ce qu'ils soient tendres. Ajoutez les ingrédients restants et portez à ébullition, puis baissez le feu et laissez mijoter 5 min.
- Disposez les boulettes sur un plat de service, nappez-les de sauce, puis faites tourner le plat et régalez-vous !

BURGERS BLT AU BŒUF ENROBÉS DE BACON

Le sandwich BLT (bacon, laitue, tomate) est l'un de mes préférés. Alors, quand j'ai vu ces burgers enrobés de bacon aux États-Unis, cela m'a inspiré. Le burger BLT était né !

POUR 4 PERSONNES

- 500 G DE BŒUF HACHÉ
- 2 GOUSSES D'AIL PELÉES ET FINEMENT HACHÉES
- 1 CUIL. À SOUPE DE KETCHUP
- 1 CUIL. À CAFÉ DE MOUTARDE DE DIJON
- 8 TRANCHES DE BACON ENTRELARDÉ
- SEL DE MER ET POIVRE NOIR FRAÎCHEMENT MOULU

POUR SERVIR

- 4 À 6 BUNS COUPÉS EN DEUX
- MAYONNAISE (VOIR PAGE 173)
- 1 GROSSE TOMATE OU 1 TOMATE CŒUR DE BŒUF COUPÉE EN TRANCHES ÉPAISSES
- LE CŒUR DE 2 PETITES LAITUES POMMÉES DÉCOUPÉ EN FINES LANIÈRES
- 4 CUIL. À CAFÉ DE MOUTARDE DE DIJON (FACULTATIF)

- Préchauffez le gril.
- Dans un saladier, mélangez le bœuf haché, l'ail, le ketchup, la moutarde, du sel et du poivre. Formez 4 à 6 burgers et enveloppez chacun de 2 tranches de bacon en les croisant.
- Disposez les burgers sur une plaque de four et placez-les sous le gril. Faites-les cuire 4 à 5 min de chaque côté.
- Toastez les moitiés des buns des deux côtés, puis servez chaque burger dans un bun avec une cuillerée de mayonnaise, 1 ou 2 tranches de tomate et quelques lanières de laitue. Pour un peu plus d'effet, ajoutez 1 cuil. à café de moutarde.

Quesadillas au chorizo et aux oignons verts

Vous pouvez choisir du chorizo doux, finement tranché, ou alors de l'épicé, en forme de saucisson (c'est celui que j'ai choisi pour la recette). Si vous n'avez pas trouvé de chorizo, pas de panique ! Remplacez-le par un reste de poulet cuit ou du jambon blanc. L'avantage des quesadillas, c'est que vous pouvez les adapter. La version classique n'exige que de la sauce salsa, du fromage et de fines tranches d'oignon rouge – c'est simple et délicieux !

POUR 2 PERSONNES

- **150 G DE CHORIZO COUPÉ EN RONDELLES**
- **1 GOUSSE D'AIL PELÉE ET HACHÉE**
- **1 PETITE POIGNÉE DE TOMATES CERISE (ENVIRON 150 G) ÉMINCÉES**
- **4 TORTILLAS AU BLÉ COMPLET**
- **75 G DE CHEDDAR RÂPÉ**
- **5 OIGNONS VERTS COUPÉS EN FINS TRONÇONS + UN PEU POUR SERVIR**
- **SEL DE MER ET POIVRE NOIR FRAÎCHEMENT MOULU**

- Faites chauffer une grande poêle antiadhésive à feu vif et faites-y grésiller et dorer le chorizo des deux côtés. Ôtez-le et déposez-le sur un plat recouvert de papier absorbant. Jetez une bonne partie du gras du chorizo, n'en gardez qu'un peu pour faire frire les quesadillas.

- Pendant la cuisson du chorizo, mélangez dans un bol l'ail et les tomates en morceaux, puis salez et poivrez.

- Étalez la moitié de ce mélange sur une tortilla, parsemez d'un peu de cheddar râpé, ajoutez une bonne quantité d'oignons et un peu moins de chorizo cuit. Placez une autre tortilla par-dessus et pressez doucement. Placez avec précaution la quesadilla dans la poêle et faites-la frire 2 min de chaque côté à feu vif, jusqu'à ce qu'elle soit bien dorée et que le fromage ait fondu. Faites la même chose avec la seconde quesadilla.

- Coupez chaque quesadilla en quatre, puis servez avec le reste d'oignons et de chorizo.

TRAVERS DE PORC SAUCE BARBECUE

Je dois avouer que je suis presque accro à ces travers de porc, (et surtout à cette recette à se lécher les doigts) qui les rend aussi tendres que possible. Le secret est de les laisser mijoter jusqu'à ce que la viande se détache des os. La recette est conçue pour six mais je suis capable de les manger à moi tout seul, confortablement installé dans ma cuisine !

POUR 6 PERSONNES

- 3 KG DE TRAVERS DE PORC
- 2 OIGNONS PELÉS ET COUPÉS EN DEUX
- 1 TÊTE D'AIL NON PELÉE
- SEL DE MER

SAUCE BARBECUE

- 60 G DE SUCRE DEMERARA
- 4 CUIL. À SOUPE DE SAUCE SOJA NOIRE
- 4 CUIL. À SOUPE DE KETCHUP
- 4 CUIL. À SOUPE DE MIEL
- 4 GOUSSES D'AIL PELÉES ET FINEMENT HACHÉES
- 1 CUIL. À SOUPE DE MOUTARDE ANGLAISE EN POUDRE
- 2 CUIL. À CAFÉ DE TABASCO®

- Coupez les travers en morceaux de 3 à 4 côtes chacun, puis placez-les dans une grande casserole avec l'oignon, l'ail, une bonne pincée de sel et assez d'eau froide pour les recouvrir. Portez à ébullition, baissez le feu et laissez mijoter 1 h à 1 h 30, jusqu'à ce que la viande soit bien tendre.

- Un peu avant que les travers soient cuits, préchauffez le gril du four ou allumez un barbecue.

- Mélangez tous les ingrédients de la sauce barbecue dans une casserole. Portez à ébullition à feu vif, puis réduisez et laissez frémir environ 5 min, jusqu'à ce que la sauce réduise.

- Sortez les travers de leur casserole, disposez-les sur un grand plat allant au four, puis badigeonnez-les de la moitié de la sauce. Passez sous le gril ou au barbecue, 5 min de chaque côté, puis servez avec le reste de sauce (réchauffé si nécessaire) et dévorez !

QUICHES INDIVIDUELLES AU BROCOLI

Ces quiches sont petites, donc super pratiques, idéales pour un pique-nique ou une envie de grignotage. Vous n'avez pas besoin de moules miniatures, juste d'une plaque à buns.

POUR 6 PERSONNES (VÉGÉTARIEN)

- 225 G DE FARINE + UN PEU POUR SAUPOUDRER
- SEL
- 125 G DE BEURRE FROID COUPÉ EN PETITS MORCEAUX

GARNITURE

- 1 TÊTE DE BROCOLI SÉPARÉE EN FLEURETTES
- 3 GROS ŒUFS
- 30 CL DE CRÈME FRAÎCHE ÉPAISSE
- SEL DE MER ET POIVRE NOIR FRAÎCHEMENT MOULU
- 150 G DE CHEDDAR VIEUX RÂPÉ

MATÉRIEL

- 1 PLAQUE À BUNS À 6 ALVÉOLES
- 1 EMPORTE-PIÈCE OU 1 VERRE DE 8,5 CM DE DIAMÈTRE

- Pour faire la pâte, versez la farine et le sel dans un saladier. Ajoutez le beurre et, du bout des doigts, incorporez-le à la farine jusqu'à obtenir un mélange qui s'émiette. Éparpillez dessus 1 à 2 cuil. à soupe d'eau, puis amalgamez la pâte en forme de boule. Enveloppez celle-ci d'un film alimentaire, puis mettez-la au réfrigérateur au moins 10 min.

- Pour la garniture, faites blanchir le brocoli 1 min à l'eau bouillante, égouttez-le et rafraîchissez-le sous l'eau froide. Égouttez-le à nouveau, puis disposez-le sur un plat recouvert de papier absorbant pour éliminer toute l'eau.

- Préchauffez le four à 180 °C (th. 6) et glissez-y une plaque à mi-hauteur.

- Abaissez la pâte au rouleau sur une surface légèrement farinée et découpez-y 6 cercles avec l'emporte-pièce ou le verre. Déposez-les dans les alvéoles de la plaque à buns. Piquez la pâte à la fourchette puis enfournez pour environ 10 min jusqu'à ce que les cercles de pâte dorent. Sortez-les et réservez-les.

- Battez les œufs et la crème dans un saladier. Salez et poivrez, ajoutez le brocoli et le cheddar et mélangez délicatement. Répartissez la garniture sur les cercles et remettez au four 30 à 35 min, jusqu'à ce que la garniture prenne et brunisse.

SANDWICHS PAYSANS AU STEAK

Ce sont les sandwichs parfaits pour un dimanche soir. Le pain fait toute la différence : ici, une ciabatta tendre et croustillante. Si vous n'avez pas envie de faire vous-même votre aïoli, vous pouvez tricher et écraser une gousse d'ail en purée avec l'extrémité du manche d'un couteau, puis y ajouter un peu de mayonnaise du commerce.

POUR 2 PERSONNES

- 2 X 125 G DE CONTRE-FILET OU DE FAUX-FILET
- 1 CUIL. À SOUPE D'HUILE DE TOURNESOL
- 2 PETITS PAINS RONDS CIABATTA COUPÉS EN DEUX
- AÏOLI MAISON (VOIR PAGE 173)
- 25 G DE ROQUETTE
- ½ OIGNON ROUGE PELÉ ET COUPÉ EN TRANCHES FINES
- SEL DE MER ET POIVRE NOIR FRAÎCHEMENT MOULU

- Assaisonnez généreusement la viande avec du poivre fraîchement moulu.
- Faites chauffer l'huile dans une grande poêle à feu vif, ajoutez les steaks et faites-les griller 2 à 3 min de chaque côté jusqu'à ce qu'ils soient à point. Transférez sur un plat, couvrez d'une feuille de papier d'aluminium et laissez reposer 5 min.
- Après ce laps de temps, découpez-les en tranches fines. Remuez celles-ci dans le jus qui est sorti et salez. Toastez les moitiés de ciabatta des deux côtés.
- Pour dresser les sandwichs, tartinez l'aïoli sur 2 demi-ciabattas, ajoutez les tranches de viande juteuses, la roquette et l'oignon rouge, et coiffez le tout des autres moitiés de pain. Régalez-vous !

TOMATES CERISE RÔTIES À PETIT FEU

La saveur des tomates s'exprime parfaitement lorsqu'elles sont rôties. Et même si ce n'est pas la saison, cette cuisson en tire toujours le meilleur.

POUR 4 PERSONNES (VÉGÉTARIEN)

- 3 CUIL. À SOUPE D'HUILE D'OLIVE
- 1 CUIL. À SOUPE DE VINAIGRE BALSAMIQUE
- 1 GROSSE BARQUETTE DE TOMATES CERISE (ENVIRON 500 G) COUPÉES EN DEUX
- SEL DE MER ET POIVRE NOIR FRAÎCHEMENT MOULU

- Préchauffez le four à 190 °C (th. 6-7).
- Dans un bol, mélangez l'huile d'olive et le vinaigre balsamique. Ajoutez les tomates et remuez.
- Disposez les tomates, le côté coupé au-dessus, sur une grande plaque de four. Salez et poivrez. Faites-les rôtir environ 45 min, jusqu'à ce qu'elles aient réduit et soient un peu roussies, puis laissez-les tiédir à température ambiante.

CUBES DE PATATES DOUCES AU ROMARIN

Il y en a peu, comme elles, vraiment capables de constituer un repas. J'utilise parfois ces cubes de patates douces à la place des croûtons dans une salade. Vous pouvez aussi les remplacer par des pommes de terre.

POUR 4 PERSONNES (VÉGÉTARIEN)

- 3 À 4 PATATES DOUCES PELÉES ET COUPÉES EN PETITS CUBES
- 3 GRANDES TIGES DE ROMARIN FRAIS
- 1 CUIL. À SOUPE D'HUILE D'OLIVE
- SEL DE MER ET POIVRE NOIR FRAÎCHEMENT MOULU

- Préchauffez le four à 200 °C (th. 6-7).
- Placez les cubes de patates douces sur une plaque de four avec le romarin. Arrosez d'huile d'olive et mélangez pour que les cubes soient bien enrobés. Salez et poivrez généreusement.
- Enfournez pour 35 à 40 min, jusqu'à ce que les cubes soient croustillants dehors et moelleux à cœur. Servez aussitôt.

Guacamole maison

Le guacamole s'adapte à toutes les situations et à tous les goûts ! Certaines recettes proposent d'y ajouter des tomates, du jus de citron ou du persil, mais j'aime le petit plus de la mienne : une goutte de Tabasco® qui le réchauffe. Les avocats réclament une bonne pincée de sel pour révéler leur saveur naturelle.

POUR 4-6 PERSONNES (VÉGÉTARIEN)

- 2 AVOCATS MÛRS
- 2 GOUSSES D'AIL PELÉES ET FINEMENT HACHÉES
- 2 CUIL. À SOUPE D'HUILE D'OLIVE VIERGE EXTRA
- LE JUS DE ½ CITRON VERT + QUELQUES QUARTIERS, POUR SERVIR
- 1 À 2 GOUTTES DE TABASCO®
- ½ OIGNON ROUGE PELÉ ET FINEMENT COUPÉ
- 1 PETITE POIGNÉE DE CORIANDRE FRAÎCHE GROSSIÈREMENT HACHÉE + UN PEU POUR GARNIR
- SEL DE MER ET POIVRE NOIR FRAÎCHEMENT MOULU

- Coupez les avocats en deux, ôtez le noyau, prélevez la chair avec une cuillère et mettez-la dans un bol. Ajoutez l'ail, l'huile, le jus de citron et le Tabasco®, et écrasez à la fourchette jusqu'à obtenir une purée grossière. Si vous préférez, vous pouvez utiliser un mortier et un pilon.

- Ajoutez l'oignon, la coriandre, et mélangez. Salez et poivrez. Garnissez de coriandre et de quartiers de citron, et servez dans l'heure qui suit.

NACHOS DE PATATE DOUCE

Si vous avez succombé à une de ces pubs qui vantent les machines à trancher, il est temps de sortir la vôtre. La mandoline est aussi un outil très pratique pour couper les légumes aussi fin que des chips. À défaut, faites de votre mieux pour les trancher avec un couteau bien aiguisé. Le goût de ces nachos rend vraiment accro ! Je vous suggère d'en faire une grosse fournée si vous ne voulez pas en manquer...

POUR 8 PERSONNES (VÉGÉTARIEN)

- 4 PATATES DOUCES NON PELÉES, COUPÉES EN FINES LAMELLES
- HUILE DE TOURNESOL
- SEL DE MER ET POIVRE NOIR FRAÎCHEMENT MOULU

- Préchauffez le four à 200 °C (th. 6-7).
- Disposez les lamelles de patates douces sur deux grandes plaques de four. Badigeonnez-les d'huile des deux côtés, puis salez et poivrez généreusement. Enfournez pour 45 min, jusqu'à ce qu'elles soient croquantes.

Cocktails

Rien de tel qu'un bon cocktail pour commencer une soirée. En général, on les prépare d'avance, ce qui demande un minimum de travail au moment de servir. Si vous avez sous la main quelques ombrelles en papier et autres accessoires tape-à-l'œil, ces recettes vous donneront l'occasion de vous en servir ! Il faut oser pour siroter un cocktail rose orné d'une ombrelle, mais ne faites pas les choses à moitié !

MARTINI À LA POMME

C'est un cocktail à frapper, au contraire de ceux où la glace est ajoutée. Il est tout simple et très costaud ! Je l'ai découvert au cours d'une sortie avec mes potes Jenny-Lee et Brian et, depuis, c'est notre cocktail fétiche chaque fois que l'on se voit.

POUR 1 VERRE

6 CL DE CALVADOS
3 CL DE VODKA
3 CL DE JUS DE POMME
1 CHIPS DE POMME VERTE, POUR SERVIR

- Versez le calvados, la vodka et le jus de pomme dans une carafe ou un shaker rempli de glaçons. Secouez bien et versez dans des verres glacés.
- Servez avec une chips de pomme verte.

RUSSE BLANC

C'était le cocktail favori de mes potes Paulie, Shambo, PJ et de moi-même quand nous étions en France. Je ne peux en boire qu'un ou deux – il est délicieux mais très musclé ! Servez-le si possible dans une coupe à glace avec une paille extravagante ou une ombrelle en papier.

POUR 4 VERRES

10 CL DE VODKA
10 CL DE LIQUEUR DE CAFÉ KAHLÙA
10 CL DE CRÈME DE WHISKY BAILEYS®
20 CL DE CRÈME LIQUIDE
20 CL DE LAIT
2 BANANES ÉPLUCHÉES

POUR SERVIR (FACULTATIF)

CRÈME FOUETTÉE
COPEAUX DE CHOCOLAT

- Placez tous les ingrédients, ainsi qu'une bonne poignée de glaçons, dans un robot et mixez pour obtenir une consistance onctueuse.
- Versez dans les verres et servez garni de crème fouettée et de copeaux de chocolat, si le cœur vous en dit !

DAIQUIRI À LA FRAISE

Même si le daiquiri à la fraise n'est pas le plus viril des cocktails, c'est incontestablement mon préféré, et ma recette est infaillible pour obtenir un résultat des plus goûteux. Je me dois cependant de vous mettre en garde : une fois que vous aurez goûté à cette recette, vous pourrez avoir tendance à la faire trop souvent ! J'utilise des fraises surgelées car on en a toujours un paquet au congélateur et elles donnent un goût délicieux au cocktail. Mais n'hésitez pas à essayer cette recette avec d'autres fruits rouges.

POUR 6 VERRES

- **1 CUIL. À SOUPE DE SUCRE SEMOULE + UN PEU POUR GIVRER (FACULTATIF)**
- **1 CITRON OU 1 CITRON VERT**
- **400 G DE FRAISES SURGELÉES**
- **30 CL DE JUS DE POMME**
- **30 CL DE RHUM BLANC**

- Pour givrer les verres, mettez 2 à 3 cuil. à soupe de sucre dans une petite assiette. Coupez un quartier de citron et frottez-le sur le bord de chaque verre. Retournez ceux-ci et posez-les dans le sucre. Attendez quelques instants avant de les retirer.

- Mettez les fraises avec une petite poignée de glaçons dans un robot, ajoutez le jus de pomme, le rhum, puis le sucre. Mixez environ 30 s pour obtenir un mélange onctueux. Prélevez-en une cuillerée à café pour goûter, car vous pourriez avoir à ajouter un peu de sucre.

- Servez-le dans des verres givrés, c'est le meilleur moyen de l'apprécier !

MOJITO

Lorsque j'organise un barbecue ou une petite fête en été, j'adore proposer un gros pichet de mojito pour commencer. Quand il s'agit de cocktails, les gens paniquent un peu au sujet des quantités, c'est donc l'occasion de leur faire goûter et leur expliquer des règles simples : une mesure d'alcool pour trois de boisson gazeuse. Il ne reste plus qu'à ajouter les saveurs ! Pour ces *babies*, dénichez de la menthe fraîche – c'est une des herbes les plus faciles à cultiver, alors achetez-en un plant et rempotez-le pour en profiter tout l'été !

POUR 4 VERRES

- **4 À 5 BRINS DE MENTHE FRAÎCHE + D'AUTRES POUR SERVIR**
- **60 G DE SUCRE SEMOULE**
- **50 CL DE SODA**
- **30 CL DE RHUM BLANC**
- **LE JUS DE 3 CITRONS VERTS + 2 COUPÉS EN QUARTIERS**

- Dans une grande carafe ou un pichet, écrasez grossièrement la menthe et le sucre avec une cuillère en bois.

- Remplissez le pichet de glaçons et ajoutez le reste des ingrédients. Mélangez, versez dans les verres et garnissez de brins de menthe.

BOISSONS FRAÎCHES

Même si vos amis sont béats d'admiration devant vos mets renversants, ça vaut le coup d'y ajouter une touche de plus en leur servant de pleins pichets de boissons désaltérantes. Elles sont idéales quand des enfants sont de la fête, mais même avec des adultes, il vaut toujours mieux proposer une option sans alcool.

Limonade rose

POUR 8 VERRES

- LE JUS DE 10 CITRONS
- 325 G DE SUCRE SEMOULE
- 30 CL DE JUS DE CANNEBERGE
- 90 CL D'EAU PÉTILLANTE
- QUELQUES CERISES DÉNOYAUTÉES, POUR SERVIR

Mélangez le jus des citrons et le sucre dans une grande carafe ou un pichet, jusqu'à ce que le sucre soit dissout. Ajoutez le jus de canneberge, l'eau pétillante et de la glace pilée. Mélangez à nouveau et servez avec les cerises.

Ananas fizz pétillant au gingembre

POUR 8 VERRES

- 200 G DE SUCRE SEMOULE
- 100 G DE MORCEAU DE GINGEMBRE FRAIS PELÉ ET FINEMENT HACHÉ
- 75 CL DE JUS D'ANANAS
- LE JUS DE 3 CITRONS VERTS
- 50 CL D'EAU PÉTILLANTE

- Dans une casserole, portez lentement à ébullition le sucre, 25 cl d'eau et le gingembre, en mélangeant jusqu'à ce que le sucre soit totalement dissout. Baissez le feu et laissez frémir 5 min jusqu'à ce que le liquide devienne sirupeux. Laissez refroidir.
- Une fois refroidi, tamisez le sirop au-dessus d'un pichet ou d'une grande carafe pour en ôter les morceaux de gingembre, puis versez le jus d'ananas, l'eau pétillante et ajoutez un peu de glace pilée. Mélangez et servez aussitôt.

Thé glacé à la fraise et à la menthe

POUR 8-10 VERRES

- 8 DOSETTES DE THÉ
- 4 BRINS DE MENTHE FRAÎCHE
- 250 G DE SUCRE SEMOULE
- 500 G DE FRAISES ÉQUEUTÉES ET COUPÉES EN DEUX
- RONDELLES DE CITRON, POUR SERVIR

- Dans une grande casserole placée sur feu vif, portez à ébullition 1 l d'eau. Éteignez le feu et plongez les dosettes de thé et les brins de menthe dans l'eau. Couvrez et laissez reposer 5 min, puis filtrez et laissez refroidir.
- Dans une autre casserole, faites fondre le sucre dans 1 l d'eau bien chaude, en mélangeant de temps en temps jusqu'à ce que le sucre soit dissout. Éteignez le feu et laissez refroidir.
- Mettez les fraises coupées dans une grande carafe ou un pichet et recouvrez-les du thé à la menthe et de l'eau sucrée. Ajoutez de la glace pilée, mélangez et servez aussitôt avec les rondelles de citron.

Thé vert glacé à la menthe et au citron

POUR 8-10 VERRES

- 8 DOSETTES DE THÉ
- 10 BRINS DE MENTHE FRAÎCHE (ENVIRON 20 G) + D'AUTRES BRINS POUR SERVIR
- 200 G DE SUCRE SEMOULE
- 25 CL DE JUS DE CITRON (ENVIRON 5 CITRONS)

- Dans une grande casserole placée sur feu vif, portez à ébullition 1 l d'eau. Éteignez le feu et plongez les dosettes de thé et les brins de menthe dans l'eau. Couvrez et laissez reposer 5 min, puis filtrez et laissez refroidir.
- Dans une grande carafe ou un pichet, mélangez le sucre et le jus des citrons, jusqu'à ce que le sucre soit dissout. Ajoutez de la glace pilée, 1 l d'eau et le thé refroidi.
- Servez avec quelques brins de menthe fraîche.

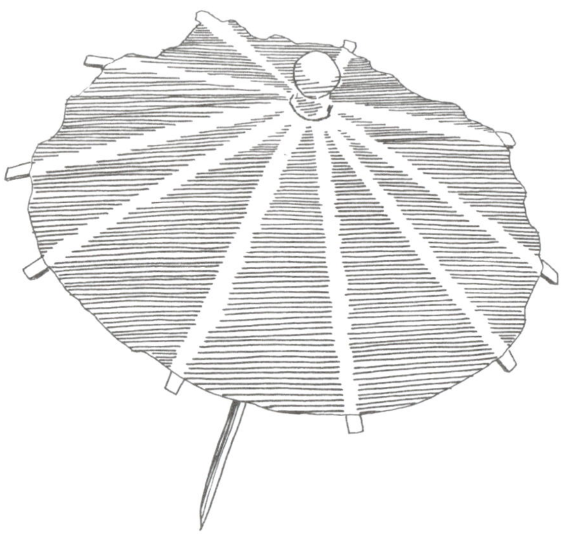

SALADES ET LÉGUMES

La plupart de ces recettes sont de bons accompagnements pour un plat principal, mais elles sont également assez goûteuses pour se suffire à elles-mêmes. Pour ma part, je me contente souvent de dévorer une belle salade ou de bons légumes. Dites-vous qu'une salade n'a pas toujours besoin de jouer son rôle traditionnel. Vous pouvez la mélanger avec une sauce bien relevée, des légumes crus coupés fin à la mode asiatique, ou des légumes de saison grillés, particulièrement savoureux en hiver. Les recettes qui font pousser un « ouah ! » de plaisir aux convives sont souvent les plus simples, surtout lorsqu'on y met un petit quelque chose de plus. J'adore revisiter les classiques, en y ajoutant une touche d'herbes ou d'épices ou en les servant en petites portions sympas. Mon cauchemar question salade, ce sont les sachets en plastique de laitue toute prête qui, bien que pratiques, peuvent être assez chers et contenir de dangereux gaz et produits chimiques. L'une des meilleures habitudes que j'aie prises en cuisine est d'éplucher moi-même la salade. Détacher les feuilles d'un cœur de laitue, les jeter dans l'eau froide, les faire tremper pour que les impuretés tombent au fond de l'évier, les laisser barboter quelques minutes pour qu'elles soient bien craquantes et enfin les sécher. L'essoreuse à salade est pratique car elle sèche rapidement les feuilles, ce qui est important car l'humidité les fane. Il suffit ensuite de les envelopper de papier absorbant ou d'un torchon propre et de les stocker dans le tiroir à légumes du frigo où elles se conserveront 3 à 4 jours.

POISSON GRILLÉ ÉPICÉ ET SALADE DE TOMATES SALSA

C'est une salade de poisson pleine de punch. La saveur du poisson est délicate, et une cuisson simple est souvent ce qui la respecte le mieux. Mais parfois, j'aime y associer des goûts détonants, comme ces tomates salsa.

POUR 4 PERSONNES

- 2 CUIL. À CAFÉ DE PAPRIKA
- 1/2 CUIL. À CAFÉ DE CUMIN EN POUDRE
- 1/2 CUIL. À CAFÉ DE POIVRE DE CAYENNE
- 4 STEAKS DE THON, DE SAUMON OU D'ESPADON (ENVIRON 150 G CHACUN)
- 1 CUIL. À SOUPE D'HUILE D'OLIVE

TOMATES SALSA

- 4 À 6 TOMATES COUPÉES EN FINS QUARTIERS
- 2 POIVRONS ROUGES COUPÉS EN PETITS DÉS
- 2 OIGNONS VERTS ÉMINCÉS
- 1 GOUSSE D'AIL PELÉE ET FINEMENT ÉMINCÉE
- 1 PETITE POIGNÉE DE CORIANDRE FRAÎCHE CISELÉE
- LE JUS DE 1 CITRON VERT
- 1 CUIL. À SOUPE D'HUILE D'OLIVE VIERGE EXTRA
- 1 GROSSE PINCÉE DE SEL DE MER ET DE POIVRE NOIR FRAÎCHEMENT MOULU

- Placez le paprika, le cumin et le poivre de Cayenne dans un plat, puis pressez le poisson sur ce mélange d'épices, des deux côtés, pour qu'il en soit bien imprégné. Réservez.

- Préparez la salsa en mettant tous les ingrédients dans un bol, puis en les mélangeant.

- Versez l'huile dans une grande poêle à frire ou une poêle antiadhésive, mettez-la à chauffer à feu vif et faites-y griller les steaks de poisson, 1 à 2 min de chaque côté.

- Servez le poisson avec la salsa et régalez-vous !

SALADE DE POULET AU GINGEMBRE ET AU PIMENT

Ma copine Michele adore cette salade et, quand nous voyagions ensemble, je lui en préparais toujours une sinon elle mangeait la mienne ! Relevée avec des ingrédients savoureux, cette recette est très amusante à cuisiner. Vous pouvez préparer tous ses éléments séparément, les mettre au frigo et dresser la salade quand vos invités sont là. Ajoutez-y d'autres légumes. Poivron, concombre, oignons verts et germes de soja conviennent très bien.

POUR 4 PERSONNES

- 4 BLANCS DE POULET SANS PEAU (ENVIRON 700 G) COUPÉS EN LAMELLES
- 1 CHOU CHINOIS COUPÉ EN FINES LANIÈRES
- 3 CAROTTES MOYENNES ÉPLUCHÉES ET COUPÉES EN FINS BÂTONNETS
- 1 OIGNON ROUGE PELÉ ET ÉMINCÉ
- 100 G DE POIS MANGE-TOUT COUPÉS EN MORCEAUX
- 1 CUIL. À SOUPE D'HUILE DE TOURNESOL
- 100 G DE CACAHUÈTES CONCASSÉES
- 1 POIGNÉE DE CORIANDRE FRAÎCHE CISELÉE

MARINADE

- 2 CUIL. À SOUPE DE SAUCE SOJA
- LE JUS DE 1/2 CITRON VERT
- 1 GOUSSE D'AIL PELÉE ET ÉCRASÉE
- 1/2 PIMENT ROUGE COUPÉ FINEMENT
- 1 PETIT MORCEAU DE GINGEMBRE FRAIS PELÉ ET FINEMENT ÉMINCÉ

ASSAISONNEMENT

- 3 CUIL. À SOUPE D'HUILE DE TOURNESOL
- 1 CUIL. À SOUPE DE SAUCE SOJA
- 1 CUIL. À SOUPE DE BEURRE DE CACAHUÈTES
- LE JUS DE 1/2 CITRON VERT
- 1 CUIL. À SOUPE DE MIEL
- 1 CUIL. À CAFÉ D'HUILE DE SÉSAME
- 1 GOUSSE D'AIL PELÉE ET ÉCRASÉE
- 1/2 PIMENT ROUGE COUPÉ FINEMENT
- 1 PETIT MORCEAU DE GINGEMBRE FRAIS PELÉ ET FINEMENT ÉMINCÉ

- Mélangez tous les ingrédients de la marinade dans un saladier, ajoutez les lamelles de poulet et remuez bien. Couvrez et mettez au réfrigérateur le temps de préparer la salade et de dresser.

- Dans un bol, mélangez tous les ingrédients de l'assaisonnement.

- Mettez le chou chinois, les carottes, l'oignon et les pois dans un grand saladier. Ajoutez la moitié de la sauce et mélangez bien pour en enrober tous les légumes.

- Faites chauffer l'huile dans une poêle. Égouttez les lamelles de poulet et faites-les revenir 2 à 3 min de chaque côté jusqu'à ce qu'elles cuisent et prennent une belle couleur.

- Servez la salade dans des bols individuels, avec le poulet par-dessus, une bonne pincée de cacahuètes, un peu de coriandre ciselée et le reste de sauce.

MINI-GRATINS DAUPHINOIS

Cela fait un bout de temps que je maîtrise cette recette, c'est donc une de celles que j'aime réinterpréter. Voici sa dernière version. En la proposant en portions individuelles, on supprime l'inconvénient du service. Chaque convive dispose de son plat qu'il déguste comme ça lui chante. Vous pouvez utiliser une mandoline pour tailler les pommes de terre en tranches fines, mais si vous n'en avez pas, un couteau bien aiguisé fera l'affaire.

POUR 4 PERSONNES

- 30 CL DE LAIT
- 30 CL DE CRÈME FRAÎCHE ÉPAISSE
- 1 PINCÉE DE NOIX MUSCADE FRAÎCHEMENT RÂPÉE
- 2 BRINS DE THYM FRAIS
- 1 GOUSSE D'AIL PELÉE ET ÉMINCÉE
- 500 G DE POMMES DE TERRE FARINEUSES PELÉES ET COUPÉES EN TRANCHES FINES
- 75 G DE CHEDDAR RÂPÉ
- 25 G DE PARMESAN RÂPÉ
- SEL DE MER ET POIVRE NOIR FRAÎCHEMENT MOULU

MATÉRIEL

- 4 RAMEQUINS OU PETITS PLATS ALLANT AU FOUR

- Préchauffez le four à 200 °C (th. 6-7).
- Faites frémir dans une casserole le lait, la crème, la noix muscade, le thym et l'ail pendant 5 min. Retirez ensuite du feu, salez, poivrez, et réservez.
- Disposez les pommes de terre en couches dans les ramequins en pressant bien pour les compacter, puis versez le mélange de lait et de crème pardessus. Saupoudrez chaque ramequin de cheddar et de parmesan mélangés, et posez-les sur une plaque de four.
- Enfournez pour 40 min de cuisson, jusqu'à ce que la surface soit dorée et l'intérieur bien tendre. Laissez reposer 10 min avant de servir.

Pommes de terre rôties à la moutarde

Les bonnes pommes de terre rôties sont souvent la base de la cuisine familiale du dimanche et chacun a sa façon de les préparer. Moi, j'ajoute un peu de moutarde à l'ancienne pour y apporter ma touche.

POUR 4 PERSONNES (VÉGÉTARIEN)

- 3 CUIL. À SOUPE DE MOUTARDE À L'ANCIENNE
- 1 CUIL. À SOUPE D'HUILE D'OLIVE
- 3 GOUSSES D'AIL PELÉES ET FINEMENT ÉMINCÉES
- 500 G DE PETITES POMMES DE TERRE
- SEL DE MER ET POIVRE NOIR FRAÎCHEMENT MOULU

- Préchauffez le four à 200 °C (th. 6-7).
- Mélangez dans un saladier la moutarde, l'huile d'olive et l'ail. Ajoutez les pommes de terre et mélangez pour qu'elles soient bien imprégnées.
- Disposez les pommes de terre dans un plat à rôtir, salez et poivrez. Enfournez pour 40 min jusqu'à ce qu'elles soient bien croustillantes à l'extérieur et moelleuses à l'intérieur. Servez ce délicieux accompagnement sans attendre.

Courge musquée rôtie aux épinards, noix, feta et sauce balsamique

Si vous n'avez pas le temps de rôtir la courge, réalisez la recette avec de gros champignons bruns de type portobello. Versez un filet d'huile d'olive dessus et placez-les quelques minutes sous le gril. Résultat : un maximum de saveur en un minimum de temps !

POUR 4 PERSONNES (VÉGÉTARIEN)

- 900 G DE COURGE MUSQUÉE (OU DE POTIRON) SANS PEAU NI GRAINES ET COUPÉE EN TRANCHES
- 3 CUIL. À SOUPE D'HUILE D'OLIVE VIERGE EXTRA + 1 FILET
- 1 CUIL. À CAFÉ DE MIEL
- 1 GOUSSE D'AIL PELÉE ET FINEMENT HACHÉE
- 1 CUIL. À SOUPE DE VINAIGRE BALSAMIQUE
- 75 G DE JEUNES POUSSES D'ÉPINARDS
- 100 G DE FETA COUPÉE EN MORCEAUX
- 2 POIGNÉES DE NOIX LÉGÈREMENT GRILLÉES (VOIR PAGE 102)
- SEL DE MER ET POIVRE NOIR FRAÎCHEMENT MOULU

- Préchauffez le four à 220 °C (th. 7-8)
- Placez la courge musquée ou le potiron sur une plaque de four, arrosez d'un filet d'huile, salez et poivrez. Enfournez pour 40 min jusqu'à ce que les morceaux soient dorés et leurs bords roussis. Sortez-les du four et laissez-les tiédir.
- Mélangez le miel, l'ail, l'huile d'olive et le vinaigre balsamique dans un grand bol. Ajoutez les épinards et remuez.
- Disposez la courge musquée ou le potiron dans un plat de service, ajoutez les épinards et leur sauce, puis parsemez de feta et de noix grillées.

Salade sucrée-épicée de carottes, chou et germes de soja

Il y a un truc plutôt frustrant avec les salades, c'est qu'elles ne se conservent pas longtemps. Du coup, elles ne sont pas pratiques pour un déjeuner à emporter. Voici ma solution. Les morceaux de légumes croquants de cette salade – qui n'est pas moins bonne qu'une autre, je le dis sans fausse modestie ! – se conservent facilement 1 à 2 jours dans leur sauce. Alors si vous avez un robot dans votre placard, c'est le moment de le sortir !

POUR 4-6 PERSONNES (VÉGÉTARIEN)

- ½ CHOU CHINOIS FINEMENT TRANCHÉ
- 150 G DE GERMES DE SOJA FRAIS
- 2 GROSSES CAROTTES PELÉES ET GROSSIÈREMENT RÂPÉES
- 3 À 4 OIGNONS VERTS ÉMINCÉS DANS LA LONGUEUR
- 1 POIGNÉE DE GRAINES DE SÉSAME NOIR OU BLANC GRILLÉES
- 1 POIGNÉE DE CORIANDRE FRAÎCHE GROSSIÈREMENT HACHÉE (FACULTATIF)

ASSAISONNEMENT

- 1 CUIL. À SOUPE DE VIN DE RIZ CHINOIS
- 1 CUIL. À SOUPE DE SAUCE SOJA
- 1 CUIL. À SOUPE DE SUCRE SEMOULE
- 1 CUIL. À CAFÉ D'HUILE DE SÉSAME GRILLÉ

- Mélangez tous les ingrédients de la sauce dans un saladier.
- Ajoutez le chou chinois, les germes de soja, les carottes et les oignons, puis mélangez.
- Pour servir, saupoudrez de graines de sésame et éventuellement de coriandre hachée, si vous aimez ça !

Pommes de terre écrasées de Sofie

Vous voulez tester une nouvelle recette de pommes de terre ? Ne cherchez plus, la voici ! Légères et pleines de saveur, avec une peau croustillante, ces petites-là ont tout bon ! En fait, il s'agit du résultat de la chute d'une casserole de pommes de terre bouillies que ma petite amie Sofie allait mettre dans un plat à gratin. Après quelques hurlements, nous avons fait preuve de créativité...

POUR 4 PERSONNES (VÉGÉTARIEN)

- 16 PETITES POMMES DE TERRE (ENVIRON 850 G)
- 2 GOUSSES D'AIL PELÉES ET FINEMENT ÉMINCÉES
- QUELQUES BRINS DE THYM FRAIS
- QUELQUES BRINS DE ROMARIN FRAIS, FINEMENT HACHÉS
- 1 CUIL. À CAFÉ DE MOUTARDE DE DIJON
- LE JUS DE ½ CITRON
- 4 CUIL. À SOUPE D'HUILE D'OLIVE + 1 FILET
- SEL DE MER ET POIVRE NOIR FRAÎCHEMENT MOULU

- Préchauffez le four à 200 °C (th. 6-7).
- Mettez les pommes de terre dans une casserole d'eau froide, puis portez à ébullition. Baissez le feu et laissez frémir 20 min jusqu'à ce qu'elles soient tendres quand vous les piquez à la pointe d'un couteau. Égouttez et réservez.
- Écrasez l'ail, les herbes, la moutarde, le jus de citron et l'huile d'olive dans un mortier avec un pilon, ou mixez tous ces ingrédients dans un blender.
- Mettez les pommes de terre dans un grand plat à rôtir, arrosez d'un filet d'huile et secouez le plat pour bien les enrober. Disposez-les ensuite en rangées et, avec un presse-purée, écrasez doucement le sommet de chacune. Répartissez un peu du mélange d'ail et d'herbes par-dessus, salez et poivrez généreusement. Enfournez pour 30 min de cuisson, le temps que les pommes de terre croustillent, puis servez aussitôt.

Salade Waldorf

La salade Waldorf est un grand classique, mais ma recette rapide en est une élégante déclinaison. Je pense que couper les pommes et le céleri en tranches aussi fines que possible rend la texture plus intéressante. Cela permet aussi de diluer l'assaisonnement qui « colle » moins aux ingrédients. Je la prépare souvent accompagnée d'autres salades pour un barbecue ou un buffet.

POUR 4 PERSONNES (VÉGÉTARIEN)

- **50 G DE NOIX**
- **3 BRANCHES DE CÉLERI FINEMENT ÉMINCÉES EN BIAIS**
- **2 POMMES VERTES CROQUANTES, PELÉES ET COUPÉES EN TRANCHES FINES**

ASSAISONNEMENT

- **1 CUIL. À SOUPE DE JUS DE CITRON**
- **3 CUIL. À SOUPE DE MAYONNAISE**
- **1 CUIL. À SOUPE DE YAOURT NATURE**
- **1 BONNE PINCÉE DE SEL DE MER ET DE POIVRE NOIR FRAÎCHEMENT MOULU**

- Faites griller les noix à sec dans une poêle, 2 à 3 min à feu moyen. Soyez vigilant car elles brûlent vite. Ôtez la poêle du feu et laissez refroidir.
- Dans un saladier, mélangez les ingrédients de l'assaisonnement. Ajoutez les noix, le céleri et les pommes, puis mélangez le tout.
- Servez aussitôt, tant que la salade est toute hérissée !

SALADE GRECQUE

Il s'agit d'une recette très connue, mais parfois, les saveurs classiques comme celles-ci ont besoin d'être célébrées. En plus, cette salade est incroyablement facile à réaliser. En choisissant des ingrédients d'excellente qualité – tomates, olives et feta –, vous êtes sûr du meilleur résultat.

POUR 4 PERSONNES (VÉGÉTARIEN)

- 250 G DE TOMATES CERISE COUPÉES EN DEUX
- 1 CONCOMBRE AVEC LA PEAU, COUPÉ EN RONDELLES FINES
- 1 OIGNON ROUGE PELÉ ET COUPÉ EN RONDELLES FINES
- 50 G D'OLIVES NOIRES (KALAMATA SI POSSIBLE) DÉNOYAUTÉES
- 200 G DE FETA COUPÉE EN MORCEAUX
- 1 BONNE POIGNÉE DE PERSIL FRAIS GROSSIÈREMENT HACHÉ
- SEL DE MER ET POIVRE NOIR FRAÎCHEMENT MOULU
- 1 PAIN CROUSTILLANT, POUR ACCOMPAGNER

ASSAISONNEMENT

- 1 CUIL. À CAFÉ D'ORIGAN SEC
- 1 CUIL. À SOUPE DE JUS DE CITRON
- 1 CUIL. À SOUPE DE VINAIGRE DE VIN ROUGE
- 3 CUIL. À SOUPE D'HUILE D'OLIVE VIERGE EXTRA

- Dans un saladier, mélangez soigneusement les ingrédients de l'assaisonnement.

- Ajoutez les tomates cerise, le concombre, l'oignon rouge, les olives, et mélangez le tout.

- Disposez la salade dans le plat de service et parsemez-la de feta et de persil haché. Assaisonnez d'un peu de sel (la feta et les olives sont parfois déjà salées) et de poivre noir. Servez aussitôt avec un pain bien croustillant.

SALADE DE CHORIZO, ROQUETTE ET OIGNON

Lors de l'une de mes premières visites à Londres, je me suis rendu au fameux Borough Market où l'on trouve un des meilleurs chorizos en dehors de l'Espagne. Le chorizo est un de mes ingrédients favoris : il a un délicieux parfum fumé et, quand on le fait frire, il rend une incroyable graisse rouge ! Cette salade sera au top si vous utilisez un chorizo de qualité extra. Vous en trouverez d'excellents dans les magasins d'alimentation espagnols.

POUR 4 PERSONNES

- 1 GOUSSE D'AIL PELÉE ET FINEMENT ÉMINCÉE
- LE JUS DE ½ CITRON
- 1 CUIL. À SOUPE D'HUILE D'OLIVE VIERGE EXTRA
- 200 G D'UN CHORIZO DE BONNE QUALITÉ COUPÉ EN GROSSES RONDELLES
- 1 OIGNON ROUGE PELÉ, COUPÉ EN DEUX PUIS ÉMINCÉ
- 40 G DE FEUILLES DE PERSIL PLAT
- 110 G DE ROQUETTE
- 1 PAIN CROUSTILLANT, POUR ACCOMPAGNER

- Mélangez l'ail, le jus de citron et l'huile d'olive dans un saladier et réservez.
- Faites frire les rondelles de chorizo dans une poêle à feu vif, des deux côtés, jusqu'à ce qu'elles crépitent, croustillent et rougissent. Laissez-les tiédir dans la poêle 2 à 3 min, puis mettez-les dans le saladier avec l'oignon rouge, le persil, la roquette, et mélangez le tout.
- Servez aussitôt avec du pain bien croustillant.

SALADE DE LÉGUMES GRILLÉS AU BASILIC ET AU PARMESAN

Ce merveilleux plat tout en légèreté est la façon idéale de se régaler des meilleurs légumes et herbes de l'été. Il ne lésine pas sur les goûts et rassasie tous les appétits. N'hésitez pas à choisir d'autres fromages ; il m'arrive d'utiliser du fromage de chèvre.

POUR 4 PERSONNES

- **2 CUIL. À SOUPE D'HUILE D'OLIVE + 1 FILET**
- **1 CUIL. À SOUPE DE VINAIGRE BALSAMIQUE**
- **1 PETITE AUBERGINE COUPÉE DANS LA LONGUEUR EN TRANCHES DE 5 MM D'ÉPAISSEUR**
- **2 PETITES COURGETTES COUPÉES DANS LA LONGUEUR EN TRANCHES DE 5 MM D'ÉPAISSEUR**
- **6 ASPERGES (BASE LIGNEUSE COUPÉE)**
- **1 OIGNON ROUGE PELÉ ET COUPÉ EN TRANCHES DE 5 MM**
- **1 PETITE POIGNÉE DE BASILIC FRAIS GROSSIÈREMENT HACHÉ**
- **1 GROSSE POIGNÉE DE COPEAUX DE PARMESAN**
- **SEL DE MER ET POIVRE NOIR FRAÎCHEMENT MOULU**

- Faites préchauffer le gril du four.

- Mélangez l'huile d'olive et le vinaigre balsamique dans un saladier. Ajoutez les légumes et remuez bien. Salez et poivrez.

- Disposez les légumes sur une grande grille de four et placez-les sous le gril chaud jusqu'à ce qu'ils soient dorés mais encore tendres. Certains légumes cuisent plus vite, alors surveillez la cuisson pour les retourner ou les sortir à temps. Une plaque en fonte striée convient aussi pour griller les légumes.

- Sortez les légumes cuits et disposez-les sur un grand plat de service, parsemez-les de basilic et de parmesan, puis « réveillez » le plat avec un filet d'huile d'olive.

BOEUF THAÏ ET SALADE DE MANGUE

Je ne peux plus me passer des arômes frais et piquants d'Asie, comme ceux utilisés dans cette recette. Les avis sur la coriandre sont partagés... Moi, j'adore ! Elle relève vraiment le goût d'un plat. Si vous taillez le bœuf en tranches très fines, chaque bouchée en sera sublimée. Ne paniquez pas s'il vous manque des légumes : à part la viande et les condiments de l'assaisonnement, le reste peut varier.

POUR 4 PERSONNES

- 2 X 200 G DE FAUX-FILET
- 1 CUIL. À SOUPE D'HUILE DE SÉSAME
- 1 CUIL. À SOUPE DE SAUCE SOJA
- 2 GOUSSES D'AIL PELÉES ET FINEMENT HACHÉES
- HUILE DE TOURNESOL POUR FRIRE
- 150 G DE GERMES DE SOJA
- 5 OIGNONS VERTS FINEMENT ÉMINCÉS
- 1 MANGUE PELÉE, DÉNOYAUTÉE ET TRANCHÉE DANS LA LONGUEUR
- 2 PETITES LAITUES GROSSIÈREMENT DÉCHIQUETÉES
- 1 POIGNÉE DE CACAHUÈTES HACHÉES (ENVIRON 40 G)
- 1 POIGNÉE DE MENTHE FRAÎCHE GROSSIÈREMENT CISELÉE
- 1 POIGNÉE DE CORIANDRE FRAÎCHE GROSSIÈREMENT CISELÉE

ASSAISONNEMENT

- 1 CUIL. À SOUPE DE SAUCE SOJA
- LE JUS DE 1 CITRON
- 2 CUIL. À SOUPE DE NUOC-MÂM
- 1 CUIL. À SOUPE DE SUCRE SEMOULE
- 1 GOUSSE D'AIL PELÉE ET FINEMENT HACHÉE
- 1 PIMENT ROUGE ÉGRÉNÉ ET FINEMENT ÉMINCÉ

- Dans un bol, mélangez la viande avec l'huile de sésame, la sauce soja et l'ail.
- Faites chauffer un peu d'huile de tournesol dans une grande poêle à feu vif et, juste avant qu'elle ne commence à fumer, mettez-y le faux-filet à revenir 3 à 4 min de chaque côté si vous l'aimez saignant ou 2 min de plus pour une cuisson à point. Transvasez la viande dans une assiette et couvrez-la d'une feuille de papier d'aluminium.
- Préparez l'assaisonnement en mélangeant tous les ingrédients dans un saladier. Ajoutez les germes de soja, les oignons, la mangue et les laitues, et mélangez bien le tout.
- Coupez le faux-filet en tranches aussi fines que possible, ajoutez-les à la salade, parsemez le tout de cacahuètes, de menthe et de coriandre, et servez.

SALADE DE CHOU ROUGE ET DE CAROTTE

En la préparant vous-même, vous ne penserez plus jamais la même chose de la salade de chou ou coleslaw. À mon avis, beaucoup de magasins et de traiteurs la gâchent en la noyant de mayonnaise. Si vous la faites vous-même, vous pouvez contrôler ses ingrédients et obtenir un plat très frais. Pour aller vite, j'utilise l'outil coupe-légumes d'un robot. Si vous n'en avez pas, vous mettrez juste un peu plus de temps à réaliser la recette. C'est l'accompagnement parfait pour tous les plats de viande ou de volaille.

POUR 4-6 PERSONNES (VÉGÉTARIEN)

- 3 CAROTTES PELÉES ET RÂPÉES
- 1/2 CHOU ROUGE FINEMENT COUPÉ EN LANIÈRES OU GROSSIÈREMENT RÂPÉ
- 3 OIGNONS VERTS FINEMENT ÉMINCÉS
- 1 CUIL. À SOUPE DE MOUTARDE À L'ANCIENNE
- 1 BONNE PINCÉE DE POIVRE NOIR FRAÎCHEMENT MOULU
- 3 CUIL. À SOUPE DE MAYONNAISE (VOIR PAGE 173)

- Mettez les légumes dans un saladier, puis ajoutez la moutarde, le poivre noir et la mayonnaise. Mélangez bien le tout avec une grande cuillère pour enrober les légumes de sauce.

- Transférez la salade de chou dans un grand plat de service, couvrez d'un film alimentaire et mettez au réfrigérateur jusqu'au moment de servir. Ce coleslaw se conserve 2 à 3 jours au froid.

SALADE SUÉDOISE AU CHOU

Je suis sûr que tous les Suédois qui liront ce livre se moqueront de ma recette qui, chez eux, est couramment servie avec les pizzas à emporter ! Cela dit, cette salade acidulée est délicieuse, et accompagne très bien la fameuse pizza kebab suédoise, mais aussi tous les autres plats de viande.

POUR 6-8 PERSONNES (VÉGÉTARIEN)

- **500 G DE CHOU VERT (ENVIRON ½ CHOU) FINEMENT TRANCHÉ**
- **10 CL D'HUILE DE TOURNESOL**
- **4 CUIL. À SOUPE DE VINAIGRE DE MALT**
- **1 CUIL. À SOUPE DE SEL DE MER**
- **1 CUIL. À SOUPE DE POIVRE NOIR FRAÎCHEMENT MOULU**

- Mélangez le chou dans un saladier avec l'huile, le vinaigre, le sel et le poivre. Goûtez un morceau de chou : peut-être voudrez-vous ajouter une cuillerée de vinaigre ou un peu plus de poivre.

- Recouvrez le saladier et placez-le au réfrigérateur. Il est préférable de laisser la salade reposer 1 ou 2 h, voire toute une nuit. Servez bien frais ce plat goûteux et sain.

COMFORT FOOD

Ah ! il n'y a rien de mieux que le réconfort d'un bon petit plat les jours de pluie. Les recettes de ce chapitre sont mes préférées lorsque la seule chose qui m'intéresse est de m'occuper tranquillement à la cuisine en concoctant des plats qui mettent le cœur en fête ! Même si vos journées sont si trépidantes que vous n'arrivez plus à vous rappeler ce que vous avez fait il y a cinq minutes, dans les rares occasions où vous avez un peu de temps, c'est super de connaître quelques recettes qui peuvent calmer le rythme et vous offrir le plaisir simple d'un repas chaleureux, cuisiné à la maison. En règle générale, je tiens plus du mec en tee-shirt et en short que du gars en petite laine, mais j'apprécie ces journées où je n'ai rien d'autre à faire qu'à cuisiner un délicieux petit plat comme des pâtes fraîches, une pizza, un ragoût, une soupe ou un rôti. C'est le type de cuisine qui occupe mes jours de pluie.

SOURIS D'AGNEAU AUX LENTILLES

Lentement rôtie, la souris d'agneau la plus quelconque devient un mets gastronomique qui met l'eau à la bouche. La bonne nouvelle, c'est que ce plat ne nécessite pratiquement aucun effort. Dès qu'il est au four, vous n'avez plus qu'à vous asseoir et vous détendre, sûr que vous dégusterez bientôt une viande délicieuse qui se détache pratiquement de l'os.

POUR 4 PERSONNES

- 2 CUIL. À SOUPE D'HUILE D'OLIVE
- 4 SOURIS D'AGNEAU
- 3 OIGNONS PELÉS ET ÉMINCÉS
- 4 GOUSSES D'AIL PELÉES ET FINEMENT HACHÉES
- 1 CAROTTE PELÉE ET COUPÉE EN PETITS DÉS
- 1 BRANCHE DE CÉLERI ÉMINCÉE
- 3 BRINS DE ROMARIN FRAIS
- 35 CL DE VIN ROUGE
- 2 X 400 G DE TOMATES CONCASSÉES EN BOÎTE
- 1 CUIL. À SOUPE DE VINAIGRE BALSAMIQUE
- 65 CL DE BOUILLON DE LÉGUMES OU DE BŒUF (EN CUBES)
- 350 G DE LENTILLES BRUNES ÉGOUTTÉES
- SEL DE MER ET POIVRE NOIR FRAÎCHEMENT MOULU
- 1 PAIN CROUSTILLANT, POUR ACCOMPAGNER

- Préchauffez le four à 150 °C (th. 5).
- Faites chauffer la moitié de l'huile d'olive dans une grande casserole, à feu vif. Mettez-y les souris et faites-les revenir 4 à 5 min sur toutes leurs faces. Sortez-les et réservez.
- Faites chauffer le reste de l'huile dans la casserole, ajoutez les oignons et faites-les frire 2 à 3 min jusqu'à ce qu'ils deviennent transparents, sans brunir. Incorporez l'ail, la carotte et le céleri, et faites revenir encore 2 min. Ajoutez les brins de romarin et mélangez. Versez le vin, les tomates et le vinaigre. Au premier bouillon, réduisez le feu et laissez mijoter 5 min.
- Remettez les souris d'agneau dans la casserole et arrosez avec le bouillon. Ajoutez les lentilles et mélangez bien. Ne salez pas, pour ne pas empêcher les lentilles de s'attendrir. Quand le mélange bouillonne, couvrez et mettez au four 3 h, jusqu'à ce que la viande devienne très tendre et se détache de l'os. Avant la fin de la cuisson, goûtez et rectifiez l'assaisonnement.
- Servez dans des assiettes creuses, avec du pain bien croustillant.

Soupe jambon-petits pois

Quand je suggère d'utiliser des morceaux pas chers, je ne veux pas parler de pieds de porc ou de tripes ! D'autres viandes bon marché, comme le jarret de porc, sont parfaites dans des plats savoureux tels que cette soupe. Demandez conseil à votre boucher.

POUR 6 PERSONNES

- 1 JARRET DE PORC (ENVIRON 1,3 KG)
- 50 G DE BEURRE
- 1 OIGNON PELÉ ET FINEMENT ÉMINCÉ
- 1 KG DE PETITS POIS SURGELÉS
- 60 CL ENVIRON DE BOUILLON DE LÉGUMES (EN CUBES)
- SEL DE MER ET POIVRE NOIR FRAÎCHEMENT MOULU
- 1 PAIN CROUSTILLANT, POUR ACCOMPAGNER

- Mettez le jarret de porc dans une grande casserole à fond épais, couvrez-le d'eau froide et portez à ébullition, en écumant la surface. Baissez le feu et laissez cuire à petits bouillons 45 min, jusqu'à ce que la viande commence à se détacher de l'os. (Le temps de cuisson dépend du morceau de viande ; piquez-le avec une fourchette : la viande est cuite lorsqu'elle est tendre.)
- Éteignez sous le jarret et laissez-le refroidir dans la casserole. Quand la viande est froide, sortez-la et réservez 60 cl du bouillon de cuisson.
- Faites fondre le beurre dans une grande casserole, mettez-y l'oignon et laissez-le cuire à feu moyen 2 à 3 min. Ajoutez les petits pois, le bouillon de cuisson du jarret, et mélangez bien. Portez à ébullition puis baissez le feu et laissez mijoter 5 à 10 min, jusqu'à ce que les petits pois soient tendres.
- Transférez 2 louches de petits pois dans un bol et, avec un mixeur plongeant, mixez le contenu de la casserole jusqu'à obtenir un mélange lisse. Remettez les petits pois réservés dans la casserole et ajoutez graduellement le bouillon de légumes pour obtenir la consistance désirée.
- Ôtez la couenne du jarret, coupez la viande en morceaux et mettez-les dans la soupe. Réchauffez celle-ci, puis ajoutez une bonne pincée de sel et de poivre noir. Servez avec du pain croustillant, pour un repas consistant.

TOURTE POULET-BROCOLI DE CLOCHETTE

Cette tourte figure ici à la demande expresse de ma copine Jenny-Lee. Nous incarnions Peter Pan et la fée Clochette dans un spectacle pour enfants, il y a quelques années. J'utilise de la pâte feuilletée toute prête car elle sert juste à recouvrir la garniture. Veillez à en avoir toujours au congélateur.

POUR 4-6 PERSONNES

75 G DE BEURRE

1 GROS OIGNON PELÉ, COUPÉ EN DEUX ET FINEMENT ÉMINCÉ

1 TÊTE DE BROCOLI (ENVIRON 300 G) DIVISÉE EN FLEURETTES

2 CUIL. À SOUPE DE FARINE, + UN PEU POUR SAUPOUDRER

35 CL DE BOUILLON DE POULE (EN CUBES)

1 CUIL. À CAFÉ BOMBÉE DE MOUTARDE ANGLAISE

15 CL DE CRÈME LIQUIDE

400 G DE POULET CUIT COUPÉ EN PETITS MORCEAUX

350 G DE PÂTE FEUILLETÉE

1 GROS ŒUF BATTU

SEL DE MER ET POIVRE NOIR FRAÎCHEMENT MOULU

MATÉRIEL

1 PLAT À FOUR DE 20 CM DE DIAMÈTRE ET 5 CM DE HAUT

- Préchauffez le four à 180 °C (th. 6).
- Faites fondre 25 g de beurre dans une grande poêle, à feu doux, et faites-y cuire l'oignon 15 min jusqu'à ce qu'il soit caramélisé. Ôtez la poêle du feu et laissez reposer.
- Faites cuire le brocoli à l'eau bouillante ou à la vapeur 2 à 3 min jusqu'à ce qu'il soit *al dente* (encore un peu ferme), puis égouttez-le et faites-le refroidir dans un bol d'eau glacée.
- Faites fondre le restant du beurre dans une casserole, à feu moyen. Ajoutez la farine et remuez 1 min. Versez le bouillon petit à petit en remuant jusqu'à épaississement. S'il y a des grumeaux, ce n'est pas grave : tournez vigoureusement et ils disparaîtront ! Baissez le feu et laissez cuire à petits bouillons 3 à 4 min. Assaisonnez d'une bonne pincée de sel et de poivre. Ajoutez la moutarde et l'oignon. Versez la crème, remuez bien et laissez cuire 1 min de plus.
- Incorporez le brocoli et le poulet à la sauce et mélangez. Versez la préparation dans le plat à four.
- Déroulez la pâte sur un plan de travail fariné et découpez-y un morceau suffisant pour recouvrir le plat. Humectez le tour du plat avec de l'œuf battu et placez la pâte par-dessus. Appuyez tout autour avec les dents d'une fourchette pour la fixer au bord du plat. Badigeonnez le dessus avec le reste de l'œuf battu et enfournez pour 25 min jusqu'à ce que la pâte soit gonflée et dorée.

Canard laqué au miel et au poivre du Sichuan

Ce que j'aime dans la cuisine chinoise, ce sont ses fantastiques épices. Je me souviens la première fois que je suis tombé sur de l'anis étoilé : j'ai pensé que c'était une des plus chouettes épices que j'avais jamais vues, et c'était avant d'y avoir goûté ! Si vous ne l'avez jamais utilisée, n'ayez pas peur : c'est vraiment facile. Réduisez-la en poudre au pilon dans un mortier (ou dans un moulin à café) avec les grains de poivre. Dans cette recette, la combinaison des ingrédients donne une merveilleuse consistance et un plat délicieux.

POUR 2 PERSONNES

- 1 CUIL. À CAFÉ DE SAUCE SOJA NOIRE
- 3 CUIL. À SOUPE DE MIEL LIQUIDE
- 1 CUIL. À CAFÉ DE VIN DE RIZ CHINOIS
- 3 GOUSSES D'AIL PELÉES ET ÉCRASÉES
- 2 CUIL. À CAFÉ DE GRAINS DE POIVRE DU SICHUAN ÉCRASÉS
- 2 ANIS ÉTOILÉS ÉCRASÉS, + QUELQUES-UNS ENTIERS
- 2 BEAUX MAGRETS DE CANARD AVEC LEUR PEAU
- SALADE SUCRÉE-ÉPICÉE DE CAROTTES, CHOU ET GERMES DE SOJA, POUR ACCOMPAGNER (VOIR P. 99)

- Dans un saladier, mélangez la sauce soja, le vin de riz, l'ail, ainsi que les grains de poivre et l'anis étoilé concassés.
- Ajoutez les magrets et remuez le tout, puis couvrez et mettez à mariner au réfrigérateur au moins 2 h, ou si possible toute la nuit. Sortez-le 10 min avant la cuisson pour qu'il soit à température ambiante.
- Préchauffez le four à 200 °C (th. 6-7).
- Placez le canard dans un plat à rôtir et ajoutez l'anis étoilé restant. Mettez au four 15 min jusqu'à ce que la viande soit cuite à point. Arrosez-la avec son jus à mi-cuisson.
- Quand le canard est cuit, préchauffez le gril, puis placez-le en dessous pour 1 à 2 min, le temps de caraméliser et faire croustiller sa peau. Laissez reposer 5 min avant de le couper en tranches minces et de l'apporter à table arrosé de son jus. Servez avec la salade de carottes, chou et germes de soja.

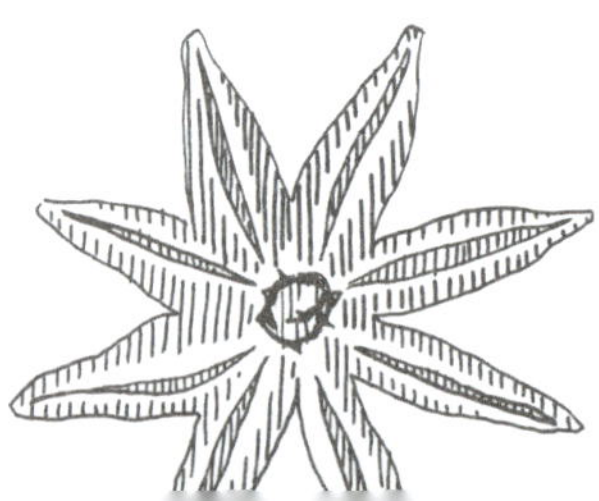

Tourte au poisson fumé

Les saveurs de cette tourte sont réconfortantes et en même temps simples et familières. J'adore les recettes au haddock mais si vous n'êtes pas fan, remplacez-le par un autre poisson.

POUR 4-6 PERSONNES

- 900 G DE POMMES DE TERRE FARINEUSES (BINTJE PAR EXEMPLE), PELÉES ET COUPÉES EN CUBES
- 25 G DE BEURRE
- 4 OIGNONS VERTS GROSSIÈREMENT HACHÉS
- 1 CUIL. À SOUPE D'HUILE DE TOURNESOL
- 2 GOUSSES D'AIL PELÉES ET ÉMINCÉES
- 1 GROSSE CAROTTE PELÉE ET RÂPÉE
- 3 BRANCHES DE CÉLERI FINEMENT HACHÉES
- 300 G DE HADDOCK FUMÉ, SANS PEAU NI ARÊTES, COUPÉS EN GROS MORCEAUX
- 300 G DE CABILLAUD SANS PEAU NI ARÊTES, COUPÉS EN GROS MORCEAUX
- 75 G DE BEURRE
- 75 G DE FARINE
- 50 CL DE LAIT CHAUD
- 110 G DE CHEDDAR RÂPÉ
- 1 CUIL. À CAFÉ DE MOUTARDE DE DIJON
- SEL DE MER ET POIVRE NOIR FRAÎCHEMENT MOULU

- Préchauffez le four à 200 °C (th. 6-7).
- Mettez les pommes de terre et une bonne pincée de sel dans une grande casserole d'eau froide et portez à ébullition à feu vif. Baissez le feu et laissez cuire à petits bouillons 12 à 15 min. Contrôlez leur cuisson en les piquant avec une fourchette. Égouttez-les et remettez-les dans la casserole. Écrasez-les avec le beurre, puis incorporez-y les oignons.
- Faites chauffer l'huile dans une casserole, ajoutez l'ail, la carotte, le céleri, et faites-les revenir à feu moyen 4 à 5 min, jusqu'à ce qu'ils soient tendres. Sortez-les de la poêle et mettez-les dans un plat profond allant au four avec les morceaux de poisson. Réservez.
- Faites fondre le beurre dans une casserole, ajoutez la farine et mélangez jusqu'à obtenir une pâte épaisse. Versez-y petit à petit le lait tout en remuant et portez à ébullition.
- Baissez le feu et laissez mijoter 2 min, pour que la sauce épaississe. Ôtez la casserole du feu, ajoutez les trois quarts du cheddar râpé (le reste servira à garnir la tourte) et la moutarde, salez et poivrez. Versez cette sauce sur le poisson et les légumes et mélangez le tout.
- Étalez l'écrasée de pommes de terre par-dessus, ajoutez un peu de sel et de poivre, saupoudrez du cheddar restant et enfournez pour 35 à 40 min, le temps que la surface croustille et dore.

GRATIN DE CHOU-FLEUR AU FROMAGE

Ce gratin de chou-fleur au fromage est un petit plaisir sans complexe que je m'accorde à la maison. Et tout le monde a besoin d'un peu de réconfort de temps en temps. Quant à la sauce, elle est très facile et ne vous prendra que quelques minutes.

POUR 4 PERSONNES (VÉGÉTARIEN)

- 1 GROS CHOU-FLEUR (ENVIRON 900 G) DIVISÉ EN BOUQUETS
- 50 G DE BEURRE
- 50 G DE FARINE
- 50 CL DE LAIT CHAUD
- 150 G DE CHEDDAR RÂPÉ + UN PEU POUR SAUPOUDRER
- 1 CUIL. À CAFÉ DE MOUTARDE DE DIJON
- SEL DE MER ET POIVRE NOIR FRAÎCHEMENT MOULU

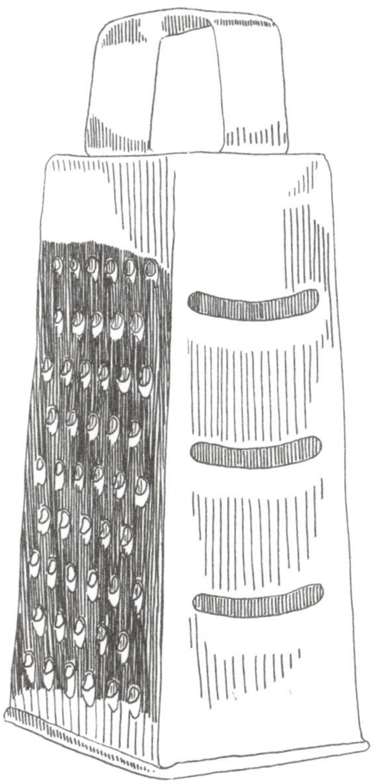

- Préchauffez le four à 190 °C (th. 6-7).
- Portez à ébullition une grande casserole d'eau, plongez-y les bouquets de chou-fleur et laissez-les cuire 2 à 3 min, pas plus – ils doivent être encore croquants avant d'aller au four. Égouttez et réservez.
- Faites fondre le beurre dans une autre casserole, ajoutez la farine et mélangez jusqu'à obtenir une pâte lisse. Ajoutez petit à petit le lait chaud en fouettant et portez à ébullition. Baissez le feu et laissez mijoter 2 min pour que la sauce épaississe. Ôtez la casserole du feu, ajoutez le fromage, puis la moutarde, salez et poivrez.
- Mettez le chou-fleur dans un plat à gratin et recouvrez-le de sauce. Saupoudrez de cheddar râpé et d'une pincée de poivre noir. Enfournez pour environ 20 min, le temps que le gratin dore joliment.
- Servez-en de grosses cuillerées et vos invités vous diront merci !

SOUPE AUX HARICOTS BLANCS ET AU CHORIZO

Cette soupe, c'est ma tante Erica qui l'a inventée et elle secoue les papilles ! Le chorizo la relève comme il faut. Il vaut mieux la préparer à l'avance car son goût est meilleur le lendemain.

POUR 4-6 PERSONNES

- 1 CHORIZO DE 200 G COUPÉ EN RONDELLES
- 1 GROS OIGNON PELÉ ET ÉMINCÉ
- 225 G DE BRANCHES DE CÉLERI ÉMINCÉES
- 300 G DE CAROTTES COUPÉES EN MORCEAUX
- 2 GOUSSES D'AIL PELÉES ET FINEMENT ÉMINCÉES
- 1 CUIL. À CAFÉ DE PAPRIKA
- 1 CUIL. À CAFÉ DE PIMENT EN POUDRE
- ½ CUIL. À CAFÉ DE CUMIN EN POUDRE
- 400 G DE TOMATES CONCASSÉES EN BOÎTE
- 75 CL DE BOUILLON DE LÉGUMES (EN CUBES)
- 2 X 400 G DE GROS HARICOTS BLANCS EN BOÎTE ÉGOUTTÉS ET RINCÉS
- 1 PAIN CROUSTILLANT, POUR ACCOMPAGNER
- SEL DE MER ET POIVRE NOIR FRAÎCHEMENT MOULU

- Faites frire le chorizo dans une grande poêle à feu vif, puis baissez le feu et laissez-le perdre sa belle graisse épicée. Sortez-le avec une écumoire et réservez-le.

- Dans la graisse de chorizo, mettez l'oignon émincé, le céleri et les carottes, et faites-les revenir 3 à 4 min à feu doux. Ajoutez l'ail, le paprika, le piment et le cumin, et laissez sur le feu quelques minutes. Versez les tomates et le bouillon, salez et poivrez un peu. Remuez, remettez le chorizo dans la poêle et portez à ébullition, puis baissez le feu et laissez frémir 10 min.

- Incorporez les haricots et laissez mijoter encore 5 min. Servez avec du pain croustillant.

Soupe à l'oignon

La première fois que j'ai goûté cette soupe, j'étais petit garçon, et c'était à Paris dans un restaurant traditionnel, avec des rideaux rouges et des serveurs typiques. Il y a trois secrets pour réussir la soupe à l'oignon. D'abord, s'assurer que la poêle est bien chaude quand on y met les oignons – ça leur donne de la couleur et du goût. Ensuite, utiliser un très bon bouillon – faites-le vous-même ou dépensez un peu d'argent pour en trouver un excellent (évitez ceux en cubes). Enfin, mon secret : comme je préfère mes croûtons bien dorés et croustillants, j'utilise un bon pain au levain qui surnage sur la soupe. Et pour le service, vous aurez besoin de 6 bols à soupe qui peuvent passer sous le gril.

POUR 6 PERSONNES

- 2 CUIL. À SOUPE D'HUILE D'OLIVE
- 2 CUIL. À SOUPE DE BEURRE
- 6 GROS OIGNONS (ENVIRON 700 G) PELÉS ET FINEMENT ÉMINCÉS
- 1 CUIL. À CAFÉ DE CASSONADE BRUNE
- 3 GOUSSES D'AIL PELÉES ET FINEMENT HACHÉES
- 25 CL DE VIN BLANC SEC
- 1,25 L DE BOUILLON DE BŒUF, POULE OU LÉGUMES
- 1 CUIL. À CAFÉ DE THYM SÉCHÉ
- 200 G DE GRUYÈRE (OU DE CHEDDAR VIEUX) RÂPÉ
- SEL DE MER ET POIVRE NOIR FRAÎCHEMENT MOULU

CROÛTONS

- 12 PETITES OU 6 GROSSES TRANCHES D'UN BON PAIN AU LEVAIN
- 1 FILET D'HUILE D'OLIVE
- SEL DE MER
- 2 GOUSSES D'AIL PELÉES

- Faites chauffer l'huile et le beurre dans une casserole à fond épais, à feu vif. Quand le beurre commence à mousser, ajoutez les oignons, la cassonade et faites-les revenir, en laissant les oignons attacher un peu avant de les retourner pour qu'ils caramélisent, mais sans brûler ! Laissez cuire 5 min environ, le temps qu'ils brunissent, puis incorporez l'ail. Baissez le feu et laissez mijoter 30 min.
- Ajoutez le vin blanc, le bouillon, le thym, et mélangez bien avec les oignons. Quand la soupe bouillonne, baissez le feu et laissez mijoter 40 min. Salez et poivrez.
- Pour les croûtons, préchauffez le four à 180 °C (th. 6). Placez les tranches de pain sur une plaque de four et humectez-les des deux côtés avec l'huile d'olive. Saupoudrez de sel et enfournez pour 15 min, jusqu'à ce qu'elles soient dorées. Sortez-les et, dès qu'elles ont assez refroidi, frottez-les des deux côtés avec les gousses d'ail.
- Pour servir, préchauffez le gril du four. Versez la soupe dans de grands bols, déposez un croûton sur le dessus, ajoutez du fromage râpé et placez les bols sous le gril jusqu'à ce que le fromage ait fondu et commence à dorer.

SOUPE DE TOMATES AUX PÂTES ET AUX POIS CHICHES

Ce petit plat est plus qu'une simple soupe – riche en ingrédients appétissants, il est fort en goût et vous plaira à coup sûr.

POUR 4 PERSONNES

- 1 CUIL. À SOUPE D'HUILE D'OLIVE
- 1 OIGNON PELÉ ET FINEMENT ÉMINCÉ
- 3 GOUSSES D'AIL PELÉES ET FINEMENT ÉMINCÉES
- 2 CAROTTES PELÉES ET COUPÉES EN PETITS CUBES
- 3 BRANCHES DE CÉLERI COUPÉES EN PETITS CUBES
- 1 CUIL. À CAFÉ D'ORIGAN SÉCHÉ
- 400 G DE TOMATES CONCASSÉES EN BOÎTE
- 50 CL DE BOUILLON DE LÉGUMES (CUBES)
- 150 G DE CONCHIGLIETTES (OU D'AUTRES PÂTES DE PETITE TAILLE)
- 400 G DE POIS CHICHES EN BOÎTE ÉGOUTTÉS ET RINCÉS
- 25 G DE PARMESAN RÂPÉ, POUR SERVIR
- SEL DE MER ET POIVRE NOIR FRAÎCHEMENT MOULU

- Faites chauffer l'huile d'olive dans une grande casserole à feu moyen, ajoutez l'oignon et l'ail, et faites-les revenir 3 à 4 min, sans les laisser roussir. Ajoutez les carottes, le céleri et l'origan, mélangez et laissez cuire jusqu'à ce qu'ils soient tendres.
- Versez les tomates et le bouillon sur les légumes et portez à ébullition. Ajoutez les pâtes et laissez mijoter 10 à 15 min. Incorporez les pois chiches à la dernière minute, quand les pâtes sont cuites, et mélangez bien tous les ingrédients de la soupe. Goûtez, puis salez et poivrez.
- Servez aussitôt saupoudré d'un peu de parmesan.

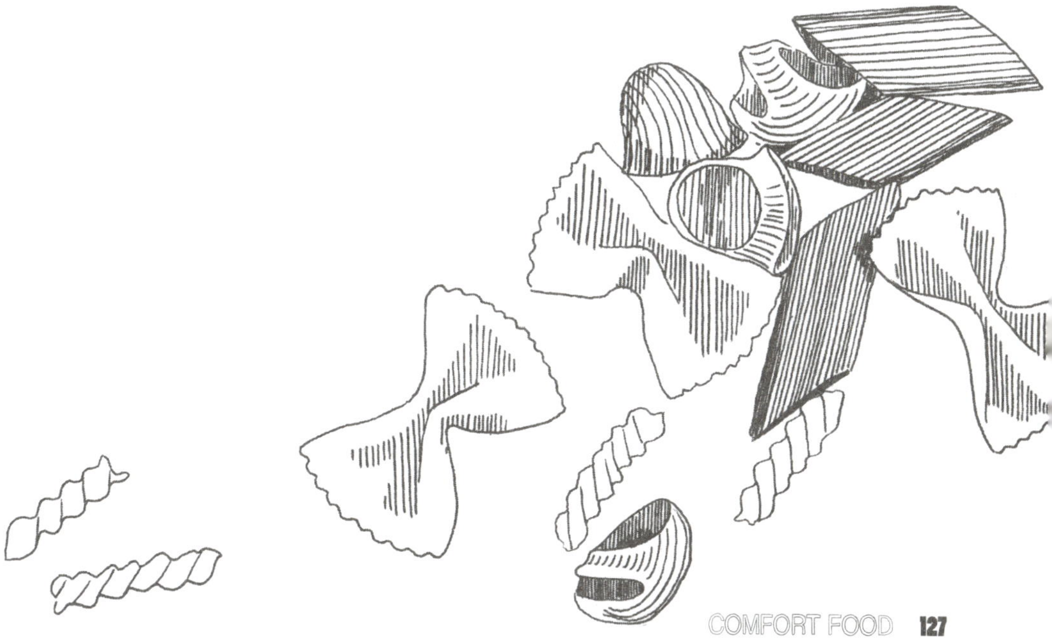

GRATIN DE PÂTES À LA VIANDE

Je ne connais pas de meilleure solution pour un dîner à préparer d'avance. Cuisinez le plat, mettez-le au frigo et réchauffez-le au moment de passer à table.

POUR 4 PERSONNES

- 300 G DE PENNE AU BLÉ COMPLET
- 500 G DE PORC HACHÉ
- 1 OIGNON PELÉ ET FINEMENT ÉMINCÉ
- 1 CUIL. À CAFÉ D'ORIGAN SÉCHÉ
- 2 GOUSSES D'AIL PELÉES ET FINEMENT ÉMINCÉES
- 2 CUIL. À CAFÉ DE MOUTARDE DE DIJON
- 1 CUIL. À SOUPE DE KETCHUP
- 1 CUIL. À SOUPE DE SAUCE WORCESTERSHIRE
- 75 À 100 G DE CHEDDAR RÂPÉ
- SALADE VERTE, POUR ACCOMPAGNER
- SEL DE MER ET POIVRE NOIR FRAÎCHEMENT MOULU

SAUCE

- 1 CUIL. À SOUPE D'HUILE D'OLIVE
- 1 OIGNON PELÉ ET FINEMENT ÉMINCÉ
- 2 GOUSSES D'AIL PELÉES ET FINEMENT ÉMINCÉES
- 2 X 400 G DE TOMATES CONCASSÉES EN BOÎTE
- 5 CL DE VIN ROUGE
- 2 CUIL. À CAFÉ D'ORIGAN SÉCHÉ
- 1 CUIL. À CAFÉ DE SUCRE CRISTALLISÉ
- SEL DE MER ET POIVRE NOIR FRAÎCHEMENT MOULU

- Faites cuire les pâtes dans une grande casserole d'eau en suivant les indications sur le paquet, puis égouttez-les et remettez-les dans la casserole.
- Préchauffez le gril du four.
- Dans un saladier, mélangez le porc avec l'oignon, l'origan, l'ail, la moutarde, le ketchup, la sauce Worcestershire et une bonne pincée de sel et de poivre. Façonnez une trentaine de petites boulettes et disposez-les sur une plaque de four. Passez-les sous le gril 10 à 12 min en les retournant pour qu'elles dorent de tous les côtés.
- Pour la sauce, faites chauffer l'huile dans une autre casserole à feu moyen, mettez-y l'oignon à rissoler doucement 1 à 2 min. Ajoutez l'ail et laissez frire 30 à 40 s de plus. Incorporez les tomates, le vin, l'origan et le sucre. Salez et poivrez. Portez à ébullition, puis baissez le feu et laissez mijoter 15 min, jusqu'à ce que la sauce réduise.
- Préchauffez le four à 200 °C (th. 6-7).
- Versez la sauce sur les pâtes cuites et ajoutez les boulettes de viande. Mélangez bien, puis transférez le tout dans un plat à gratin. Parsemez de fromage râpé et enfournez pour 30 min.
- Servez de bonnes portions accompagnées de salade verte.

AGNEAU RÔTI À L'AIL ET AU ROMARIN

Beaucoup de viandes apprécient d'être rôties, et c'est le cas de l'agneau. Quand c'est la saison, il faut vraiment peu de chose pour qu'il exhale ses fantastiques saveurs naturelles. La cuisson classique, avec de l'ail et du romarin, est la seule que je recommande dans mon livre. Le résultat met l'eau à la bouche et embaume toute la cuisine.

POUR 6-8 PERSONNES

- 1 GIGOT D'AGNEAU DÉSOSSÉ ET ROULÉ
- QUELQUES GOUSSES D'AIL PELÉES ET COUPÉES EN GROS MORCEAUX
- QUELQUES BRINS DE ROMARIN FRAIS
- 1 FILET D'HUILE D'OLIVE
- 25 CL DE BOUILLON D'AGNEAU (OU DE BŒUF OU DE LÉGUMES)
- SEL DE MER ET POIVRE NOIR FRAÎCHEMENT MOULU

ACCOMPAGNEMENT

- POMMES DE TERRE RÔTIES
- ASPERGES CUITES À LA VAPEUR

- Préchauffez le four à 180 °C (th. 6).
- Placez l'agneau sur une grande plaque de four et, avec la pointe d'un couteau, percez des trous de 2 à 3 cm pour y introduire les morceaux d'ail et les brins de romarin. Arrosez d'un filet d'huile d'olive. Salez et poivrez
- Mettez le gigot au four. Comptez 25 à 30 min de cuisson par livre si vous voulez une viande rosée. De temps en temps, utilisez un thermomètre à viande pour vérifier que la température se maintient autour de 60 à 65 °C. Quand la cuisson est terminée, transférez le gigot dans le plat de service, couvrez-le d'un film alimentaire et laissez reposer 10 à 15 min.
- En inclinant la plaque de cuisson, faites couler le jus dans un angle et, à l'aide d'une cuillère, prélevez le gras à la surface. Mettez ensuite la plaque sur le gaz, ajoutez le bouillon et mélangez avec le jus de viande en grattant le fond pour décoller les sucs de cuisson. Pour obtenir une sauce plus épaisse, vous pouvez y ajouter un petit roux de beurre et de farine quand la préparation commence à cuire à petits bouillons. Transvasez dans une saucière.
- Servez l'agneau en tranches avec la sauce, des pommes de terre rôties au four et des asperges à la vapeur.

SAUCISSES-PURÉE À L'AIL RÔTI

Ah ! la purée... Ça ne manque jamais de me mettre dans l'ambiance de chez moi. Brûlante, salée et si crémeuse. Je pourrais en manger toute la journée ! La voici dans une de mes versions favorites, avec quelques gousses d'ail rôties grossièrement écrasées – le paradis dans l'assiette ! Pour un résultat extra, l'astuce consiste à utiliser des saucisses d'excellente qualité.

POUR 4 PERSONNES

- 2 TÊTES D'AIL NON PELÉES
- 3 CUIL. À SOUPE D'HUILE D'OLIVE
- 1 KG DE POMMES DE TERRE FARINEUSES PELÉES ET COUPÉES EN MORCEAUX
- 1 BELLE NOIX DE BEURRE
- 7,5 CL DE LAIT CHAUD
- 8 CHIPOLATAS OU 4 GROSSES SAUCISSES
- SEL DE MER ET POIVRE NOIR FRAÎCHEMENT MOULU

- Préchauffez le four à 200 °C (th. 6-7).
- Découpez le haut des têtes d'ail de façon à ce que chaque gousse soit bien exposée, et placez-les sur une plaque de four. Arrosez-les d'un filet d'huile d'olive et salez. Enfournez pour 40 min, le temps que l'ail soit tendre. Pelez les gousses rôties et écrasez-les avec le dos d'une fourchette.
- Pendant que l'ail rôtit, mettez les pommes de terre dans une grande casserole d'eau froide et portez à ébullition à feu vif. Baissez le feu et laissez cuire à petits bouillons 10 à 15 min jusqu'à ce que les pommes de terre soient tendres quand on les pique avec la pointe d'un couteau. Égouttez-les, puis réduisez-les en une purée onctueuse. Ajouter un peu de beurre ou de lait, à votre goût. Ajoutez l'ail écrasé, salez, poivrez, et mélangez bien. Couvrez et maintenez au chaud le temps de cuire les saucisses.
- Faites chauffer le reste d'huile dans une grande poêle à feu vif et faites-y frire les saucisses 7 à 8 min, jusqu'à ce qu'elles soient bien dorées.
- Servez la purée couronnée des saucisses et régalez-vous !

Boulettes à l'aneth et pommes de terre nouvelles

Elles ont été proposées dans les restaurants du célèbre magasin de meubles suédois. Cependant, à moins que vous n'ayez déjà goûté leur version familiale, j'estime que vous ne connaissez pas vraiment ce plat traditionnel suédois. J'avoue que j'ai été un peu découragé quand on me les a servies, la première fois, accompagnées d'une grosse cuillerée de confiture, mais j'ai été vite converti et j'affirme aujourd'hui que ces boulettes doivent être servies avec des airelles pour être vraiment authentiques.

POUR 4 PERSONNES

- 250 G DE BŒUF HACHÉ
- 150 G DE PORC HACHÉ
- 2 CUIL. À SOUPE DE MIE DE PAIN BLANC FRAÎCHE
- 1 PETIT OIGNON PELÉ ET FINEMENT ÉMINCÉ
- 1 GROS ŒUF LÉGÈREMENT BATTU
- 50 G DE BEURRE
- 750 G DE POMMES DE TERRE GRENAILLE
- QUELQUES BRINS D'ANETH FRAIS GROSSIÈREMENT CISELÉS
- 1 CUIL. À SOUPE DE FARINE
- 20 CL DE LAIT
- CONFITURE D'AIRELLES, POUR ACCOMPAGNER (DANS LES ÉPICERIES FINES)
- SEL DE MER ET POIVRE NOIR FRAÎCHEMENT MOULU

- Dans un saladier, mélangez le bœuf et le porc hachés avec la mie de pain, l'oignon et l'œuf. Salez bien et poivrez, puis façonnez environ 24 boulettes.
- Mettez les pommes de terre dans une grande casserole d'eau froide, et portez à ébullition. Baissez le feu et laissez cuire à petits bouillons 10 à 15 min jusqu'à ce qu'elles soient tendres quand on les pique avec une fourchette. Égouttez-les, remettez-les dans la casserole et enrobez-les de la moitié du beurre et de l'aneth. Couvrez et réservez.
- Faites fondre le reste de beurre dans une grande poêle jusqu'à ce qu'il mousse, et faites-y revenir les boulettes 10 à 12 min en les retournant de temps en temps pour qu'elles dorent bien. Sortez-les de la poêle, mettez-les dans un plat chaud, couvrez et réservez.
- Incorporez la farine au beurre et aux bouts de viande croustillants qui restent dans la poêle (ajoutez un peu de beurre si nécessaire) et tournez pour mélanger le tout. Sans cesser de remuer, versez le lait au fur et à mesure jusqu'à ce que le mélange soit homogène. Laissez mijoter 2 à 3 min pour que la sauce épaississe. Salez et poivrez.
- Servez les boulettes avec la sauce, des pommes de terre à l'aneth et une cuillerée de confiture d'airelles.

QUICHE AU BLEU ET AUX OIGNONS ROUGES

Je dois vous l'avouer : cela fait seulement quelques années que j'apprécie le fromage. Tout au long de mon adolescence, je suis resté à l'écart de cet univers jusqu'à ce que mon pote Izzy, qui travaille chez un fromager de Dublin, m'initie à cet univers. La saveur forte du bleu domine agréablement cette quiche, complétée par la douceur de l'oignon caramélisé. J'utilise du bleu irlandais de Cashel, mais un autre fera aussi bien l'affaire.

POUR 6-8 PERSONNES (VÉGÉTARIEN)

- 225 G DE FARINE + UN PEU POUR SAUPOUDRER
- 1 PINCÉE DE SEL
- 125 G DE BEURRE FROID COUPÉ EN MORCEAUX
- SALADE VERTE, POUR ACCOMPAGNER

GARNITURE

- 2 CUIL. À SOUPE D'HUILE D'OLIVE
- 4 GROS OIGNONS ROUGES PELÉS, COUPÉS EN DEUX ET ÉMINCÉS
- 3 GROS ŒUFS
- 30 CL DE CRÈME FRAÎCHE ÉPAISSE
- 150 G DE BLEU EN MORCEAUX
- FEUILLES DE THYM FRAIS
- SEL DE MER ET POIVRE NOIR FRAÎCHEMENT MOULU

MATÉRIEL

- 1 MOULE À TARTE DE 28 CM À FOND AMOVIBLE

- Pour la pâte, versez la farine et le sel dans un saladier. Ajoutez le beurre et, du bout des doigts, incorporez-le à la farine jusqu'à ce que le mélange forme de grosses miettes. Arrosez de 1 à 2 cuil. à soupe d'eau et façonnez la pâte pour obtenir une boule. Enroulez-la dans du film alimentaire et mettez-la au réfrigérateur au moins 10 min.
- Faites chauffer l'huile d'olive dans une poêle, ajoutez les oignons et faites-les revenir 10 à 15 min à feu moyen à doux jusqu'à ce qu'ils fondent et caramélisent. Salez et poivrez, retirez la poêle du feu et laissez refroidir. Ceci peut se faire à l'avance.
- Préchauffez le four à 180 °C (th. 6) et placez la grille à mi-hauteur. Étalez la boule de pâte sur une surface légèrement farinée, puis garnissez-en le moule. Piquez le fond de pâte avec une fourchette et enfournez le moule pour environ 15 min de cuisson, le temps que la pâte prenne un peu de couleur.
- Dans un bol, fouettez les œufs avec la crème. Étalez les oignons caramélisés sur le fond de pâte cuit, puis répartissez les morceaux de bleu et les feuilles de thym. Salez et poivrez à votre goût.
- Versez le mélange d'œufs et de crème dans le moule, et enfournez pour 30 à 35 min, jusqu'à ce que l'appareil ait pris et soit doré en surface. Servez chaud ou froid, avec une salade verte.

Pizza à pâte fine

La pâte croustillante, merveilleusement fine et encore moelleuse de cette recette a tout bon, selon moi ! Vous pouvez facilement surgeler la pâte une fois qu'elle a fini de lever. Pensez juste à la dégonfler (en la remalaxant avec la paume de la main), puis à l'enfermer dans un sac à congélation. Sortez-la la veille pour qu'elle décongèle au frigo.

POUR 3-4 PIZZAS (VÉGÉTARIEN)

- 250 G DE FARINE + UN PEU POUR SAUPOUDRER
- 1 SACHET DE 7,5 G DE LEVURE SÈCHE
- ½ CUIL. À CAFÉ DE SEL
- 1 CUIL. À SOUPE D'HUILE D'OLIVE VIERGE + QUELQUES GOUTTES POUR HUILER

GARNITURE DE BASE

- 3 CUIL. À SOUPE DE SAUCE TOMATE EN BOCAL (OU DE SAUCE MAISON, VOIR PAGE 142, MAIS SANS LE PIMENT) PAR PIZZA
- 175 G DE MOZZARELLA RÂPÉE

- Dans un saladier, mélangez la farine, la levure sèche et le sel. Faites un puits et versez-y 17,5 cl d'eau tiède et l'huile d'olive. Du bout des doigts, amenez petit à petit la farine des bords vers le centre et mélangez pour obtenir une pâte irrégulière.

- Posez la pâte sur une surface de travail farinée et malaxez-la 5 min environ. Si elle est trop collante, ajoutez un peu plus de farine. Formez une boule dans un saladier propre et huilé. Couvrez d'un torchon humide ou d'un film alimentaire et laissez reposer dans un lieu tempéré 45 min, le temps que la pâte double de volume.

- Mettez la pâte sur une surface légèrement farinée et pétrissez-la pendant 1 min, puis remettez-la dans le saladier 10 min pour qu'elle gonfle de nouveau.

- Préchauffez le four à 200 °C (th. 6-7).

- Divisez la pâte en trois ou quatre et abaissez chaque morceau en un cercle très mince. Saupoudrez de farine une plaque de four et placez-y les cercles. Tartinez-les de sauce tomate et ajoutez la mozzarella ou une autre garniture (voir pages suivantes).

- Enfournez pour 10 à 15 min jusqu'à ce que le fromage dore et que la pâte croustille. Servez aussitôt.

PIZZA ROQUETTE, CHÈVRE ET OIGNON

POUR 1-2 PERSONNES (VÉGÉTARIEN)

- 1 PIZZA DE BASE (VOIR PAGE 139)
- 1 CUIL. À SOUPE D'HUILE D'OLIVE VIERGE EXTRA + 1 FILET, POUR SERVIR
- 2 OIGNONS ROUGES PELÉS, COUPÉS EN DEUX ET FINEMENT ÉMINCÉS
- 3 CUIL. À SOUPE DE SAUCE TOMATE
- 75 G DE FROMAGE DE CHÈVRE EN BÛCHE COUPÉ EN TRANCHES
- 1 BONNE POIGNÉE DE FEUILLES DE ROQUETTE (FACULTATIF)

- Préchauffez le four à 200 °C (th. 6-7).
- Faites chauffer l'huile d'olive dans une poêle à feu doux et faites-y revenir les oignons 5 à 7 min, jusqu'à ce qu'ils soient dorés.
- Dressez la pizza en tartinant la pâte de sauce tomate, puis ajoutez les oignons et les tranches de fromage de chèvre.
- Enfournez pour 10 à 15 min et servez aussitôt la pizza avec, si vous le souhaitez, une bonne poignée de roquette répartie par-dessus et un filet d'huile d'olive.

PIZZA CHORIZO, BASILIC ET OLIVES

POUR 1-2 PERSONNES

- 1 PIZZA DE BASE (VOIR PAGE 139)
- 3 CUIL. À SOUPE DE SAUCE TOMATE
- 30 G DE CHORIZO COUPÉ EN TRANCHES
- 75 G DE MOZZARELLA RÂPÉE
- 30 G D'OLIVES VERTES DÉNOYAUTÉES
- 1 BONNE POIGNÉE DE BASILIC FRAIS GROSSIÈREMENT HACHÉ

- Préchauffez le four à 200 °C (th. 6-7).
- Dressez la pizza en tartinant la pâte de sauce tomate, puis ajoutez les tranches de chorizo, la mozzarella et les olives vertes.
- Enfournez pour 10 à 15 min, puis servez la pizza aussitôt, parsemée de basilic.

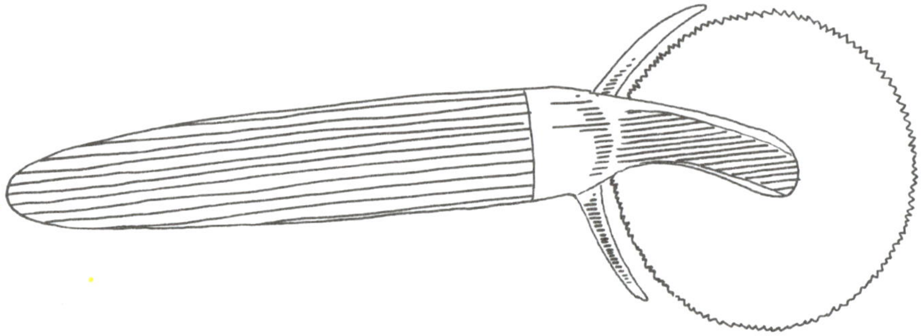

UNE PIZZA PAS COMME LES AUTRES !

POUR 1-2 PERSONNES

- 1 PIZZA DE BASE (VOIR PAGE 139)
- 3 CUIL. À SOUPE DE SAUCE TOMATE
- 75 G DE MOZZARELLA RÂPÉE
- 50 G DE JAMBON CRU COUPÉ EN TRANCHES FINES
- 1 CUIL. À SOUPE D'HUILE D'OLIVE
- 1 CUIL. À CAFÉ DE VINAIGRE BALSAMIQUE
- 25 G DE POUSSES D'ÉPINARDS
- 25 G DE ROQUETTE
- 15 G DE COPEAUX DE PARMESAN

- Préchauffez le four à 200 °C (th. 6-7).
- Dressez la pizza en tartinant la pâte de sauce tomate, puis ajoutez la mozzarella et les tranches de jambon cru.
- Mélangez dans un bol l'huile et le vinaigre, ajoutez les épinards et la roquette – réservez-en quelques feuilles –, puis mélangez et laissez en attente.
- Enfournez pour 10 à 15 min, puis servez la pizza aussitôt avec les feuilles de salade assaisonnées et quelques copeaux de parmesan.

PIZZA GOÛTEUSE ET ÉPICÉE

POUR 1-2 PERSONNES

- 1 PIZZA DE BASE (VOIR PAGE 139)
- 3 CUIL. À SOUPE DE SAUCE TOMATE
- 50 G DE MOZZARELLA DÉTAILLÉE EN PETITS MORCEAUX
- 30 G DE PEPPERONI (SALAMI ÉPICÉ) COUPÉ EN RONDELLES
- 15 G DE PIMENT VERT EN BOCAL ÉGOUTTÉ ET GROSSIÈREMENT HACHÉ

- Préchauffez le four à 200 °C (th. 6-7).
- Dressez la pizza en tartinant la pâte de sauce tomate, puis ajoutez les morceaux de mozzarella, le pepperoni et le piment.
- Enfournez pour 10 à 15 min de cuisson, puis servez aussitôt.

GNOCCHIS MAISON À LA SAUCE TOMATE ÉPICÉE

Les gnocchis, c'est mon petit plat secret gourmand. Je l'ai goûté pour la première fois à Boston, chez mon amie Lisa, à qui sa grand-mère italienne faisait ses pâtes maison, et qui a cuisiné pour moi un délicieux bol de gnocchis. Ils sont si faciles à réaliser que même un empoté peut y arriver ! Cette recette vous offre le goût d'une Italie authentique.

POUR 4-6 PERSONNES

- 500 G DE POMMES DE TERRE FARINEUSES (BINTJE) (ENVIRON 4 MOYENNES)
- 200 G DE FARINE + UN PEU POUR SAUPOUDRER
- 1 GROS ŒUF
- 1 CUIL. À CAFÉ D'ORIGAN SÉCHÉ
- SEL DE MER ET POIVRE NOIR FRAÎCHEMENT MOULU
- COPEAUX DE PARMESAN, POUR SERVIR

SAUCE TOMATE ÉPICÉE

- 1 CUIL. À SOUPE D'HUILE D'OLIVE
- 2 GOUSSES D'AIL PELÉES ET FINEMENT ÉMINCÉES
- 1 PETIT OIGNON PELÉ ET FINEMENT ÉMINCÉ
- ½ CUIL. À CAFÉ DE FLOCONS DE PIMENT
- 1 CUIL. À CAFÉ D'ORIGAN SÉCHÉ
- 2 X 400 G DE TOMATES CONCASSÉES EN BOÎTE
- 7,5 CL DE VIN ROUGE
- 1 CUIL. À CAFÉ DE SUCRE CRISTALLISÉ (FACULTATIF)
- SEL DE MER ET POIVRE NOIR FRAÎCHEMENT MOULU

- Mettez les pommes de terre dans une casserole d'eau froide et portez à ébullition. Baissez le feu et laissez cuire à petits bouillons 20 min jusqu'à ce qu'elles soient tendres. Égouttez-les et pelez-les quand elles ont refroidi.
- Pendant ce temps, préparez la sauce. Faites chauffer l'huile à feu moyen dans une poêle et faites-y revenir l'ail et l'oignon 3 à 4 min jusqu'à ce qu'ils soient tendres. Ajoutez le piment et l'origan, et laissez cuire jusqu'à ce que leurs arômes s'exhalent. Ajoutez les tomates et le vin, donnez un bouillon, puis baissez le feu et laissez mijoter 15 min pour que le jus réduise. Salez et poivrez. Si les tomates sont un peu acides, ajoutez-y le sucre.
- Remettez les pommes de terre dans la casserole et écrasez-les jusqu'à obtenir une purée bien homogène. Incorporez la farine, l'œuf, l'origan et une bonne pincée de sel et de poivre. Quand la pâte est formée, posez-la sur un plan de travail fariné et pétrissez-la 2 à 3 min.
- Divisez la pâte en quatre. Roulez chaque part pour obtenir un boudin de 50 cm de long environ. Coupez chaque boudin en 15 morceaux. Faites rouler chaque morceau avec le pouce sur le dos d'une fourchette, en appuyant légèrement pour l'incurver et lui donner la forme d'un gnocchi. Il aura la trace de votre pouce d'un côté et celle des dents de la fourchette de l'autre.
- Faites cuire les gnocchis par fournées à l'eau bouillante salée, jusqu'à ce qu'ils remontent à la surface (2 min). Égouttez-les avec une écumoire et servez-les avec la sauce tomate, une pincée de poivre et le parmesan.

VIVE LES RESTES !

Il y a de multiples façons de se faciliter la vie en cuisine et l'une d'elles consiste à utiliser les restes. Tous les cuisiniers s'y trouvent confrontés un jour, il est donc utile de savoir comment faire. Ma mère était, et est toujours, la reine des restes ! Dans ma famille, il valait mieux ne jamais lui dire quel était notre plat préféré, sinon elle le préparait en multipliant les quantités par deux pour le resservir les jours suivants. Mais même si je m'en plaignais étant enfant, aujourd'hui, j'aime vraiment cuisiner les restes, et il existe des recettes fantastiques pour y arriver. Dans ce chapitre, je propose quatre idées différentes pour chaque ingrédient principal. Certaines recettes utilisent les restes, d'autres sont uniquement basées sur les ingrédients qui se trouvent sûrement dans vos placards. Ces recettes sont là pour vous inspirer et ne demandent pas à être suivies à la lettre. Après tout, c'est comme cela que j'ai appris à cuisiner... Quand je me suis mis à écrire des recettes, j'ai dû apprendre – et cela n'a pas été facile – à mesurer les ingrédients avec précision. Or, j'avais l'habitude de verser une copieuse lampée de vin ou d'ajouter une grosse poignée de basilic frais, pas de travailler au gramme ou au centilitre près. Alors, ne vous sentez pas obligé de coller de trop près aux indications de poids ou de quantité, et sachez vous faire confiance – si je suggère un ingrédient particulier et que vous ne l'avez pas sous la main, faites preuve d'imagination pour le remplacer !

POULET

Le poulet tient une grande place dans l'alimentation de la plupart des gens, et de nombreuses familles apprécient un bon poulet rôti le dimanche. Mais l'avantage de cette volaille est qu'elle fait de super restes. Avec ses os, vous cuisinerez un délicieux bouillon maison ; vous pourrez le congeler ou le mettre au frigo pour agrémenter une soupe ou une sauce. Et le lendemain, vous ferez un festival de restes de poulet ! Voici quelques-unes de mes solutions pour tirer le meilleur d'un bon poulet.

Poulet rôti

Réussir un bon poulet rôti est en soi une forme d'art, et c'est la base de la réputation d'un cuisinier amateur. J'aime que sa peau soit salée et croustillante, et que sa viande moelleuse exhale des saveurs d'herbes aromatiques.

POUR 6 PERSONNES

- 2 CUIL. À SOUPE D'HUILE D'OLIVE
- 1 BRIN DE ROMARIN FRAIS
- QUELQUES BRINS DE THYM FRAIS
- 4 GOUSSES D'AIL PELÉES
- 1 GROS POULET
- SEL DE MER ET POIVRE NOIR FRAÎCHEMENT MOULU

- Préchauffez le four à 200 °C (th. 6-7).
- Mélangez intimement l'huile d'olive, le romarin, le thym et l'ail, en utilisant un mortier et un pilon, ou un mixeur, jusqu'à obtenir une pâte homogène.
- Badigeonnez le poulet de cette pâte verte aromatique, assaisonnez-le d'une généreuse pincée de sel et de poivre, puis enfournez-le pour 45 à 50 min, en vérifiant sa cuisson avec la pointe d'un couteau : un jus clair doit couler quand vous piquez la partie la plus charnue de la cuisse.
- Sortez le poulet du four, recouvrez-le d'une feuille de papier d'aluminium et laissez-le reposer 15 min avant de le servir, sans oublier de conserver son jus pour en faire, par exemple, une sauce de viande.

Bouillon de poulet

Un bouillon à base de poulet n'est pas seulement excellent pour la santé, il s'utilise aussi dans des centaines de recettes simples et rapides. Il se congèle facilement pendant 3 mois dans un sac plastique refermable, et se décongèle au moment où vous en avez besoin. Parfois, je le conserve dans des bacs à glace et ajoute un glaçon de bouillon dans une sauce pour lui donner du goût.

POUR ENVIRON 3 L

- OS ET CARCASSE D'UN POULET CUIT (VOIR PAGE 146)
- 17,5 CL DE VIN BLANC
- 1 OIGNON PELÉ ET COUPÉ EN MORCEAUX
- 1 GROSSE CAROTTE PELÉE ET COUPÉE EN RONDELLES
- 1 GROS POIREAU ÉPLUCHÉ ET COUPÉ EN TRONÇONS
- 1 BRANCHE DE CÉLERI ÉMINCÉE
- 3 BRINS DE PERSIL
- 8 GRAINS DE POIVRE NOIR

- Mettez tous les ingrédients dans un grand faitout avec 6 l d'eau froide et portez à ébullition. Baissez ensuite le feu et laissez frémir 3 h – ou jusqu'à ce que le goût du bouillon vous convienne. Veillez de temps en temps à écumer la surface et à dégraisser le bouillon qui, ainsi, sera bien clair. Enfin, passez-le au tamis et laissez-le refroidir.

- Ce bouillon peut être conservé au réfrigérateur quelques jours ou surgelé pour être utilisé plus tard.

Salade de poulet nec plus ultra

J'ai dit qu'il n'y avait pas de meilleurs restes que ceux d'un poulet rôti et je pense qu'ils sont encore meilleurs un jour ou deux après leur cuisson, car leur arôme s'est alors développé au maximum. Du moins, si vous ne les avez pas mangés avant ! Cette salade est une excellente façon de vous régaler tout en vous rassasiant.

POUR 4 PERSONNES

- 125 G DE MORCEAUX DE PANCETTA
- 1 PAIN CIABATTA COUPÉ EN TRANCHES FINES
- HUILE D'OLIVE
- 2 GOUSSES D'AIL PELÉES ET COUPÉES EN DEUX
- SAUCE CRÉMEUSE À LA CIBOULETTE (VOIR PAGE 180)
- FEUILLES DE 1 ROMAINE COUPÉES EN GROS MORCEAUX
- 400 G DE MORCEAUX DE POULET CUITS (1 PETITE POIGNÉE PAR PERSONNE)
- 1 BONNE POIGNÉE DE COPEAUX DE PARMESAN PAR PERSONNE
- SEL DE MER ET POIVRE NOIR FRAÎCHEMENT MOULU

- Dans une poêle, faites revenir la pancetta 3 à 5 min à feu moyen, jusqu'à ce qu'elle croustille et roussisse. Mettez-la sur une assiette couverte de papier absorbant et réservez.

- Versez quelques généreux filets d'huile d'olive sur le pain et faites-le revenir à la poêle des deux côtés. Sortez-le de la poêle et frottez-le d'ail sur ses deux faces, puis coupez-le en gros croûtons.

- Mettez la sauce dans un saladier avec les feuilles de romaine, les morceaux de poulet (réchauffés, éventuellement), les croûtons, et mélangez bien.

- Parsemez de copeaux de parmesan et de morceaux de pancetta, salez et assaisonnez de quelques tours de moulin de poivre noir. Servez aussitôt.

Tajine de poulet marocain

Dans cette recette, j'utilise de la cuisse de poulet car elle n'est pas chère, mais n'hésitez pas à la remplacer par du blanc. Si vous avez le temps, faites mariner le poulet dans le mélange d'épices toute la nuit pour lui donner plus de goût. Je trouve aussi que le tajine développe le meilleur de ses arômes le lendemain de sa cuisson, pour un délicieux déjeuner prêt en une minute.

POUR 4 PERSONNES

- 1 CUIL. À CAFÉ DE GINGEMBRE EN POUDRE
- 1 CUIL. À CAFÉ DE POIVRE NOIR FRAÎCHEMENT MOULU
- 1 CUIL. À CAFÉ DE CURCUMA
- ½ CUIL. À CAFÉ DE POIVRE DE CAYENNE
- 2 CUIL. À CAFÉ DE PAPRIKA
- 8 CUISSES DE POULET AVEC LEUR PEAU COUPÉES EN DEUX
- 50 G D'ABRICOTS SECS FINEMENT ÉMINCÉS
- 50 G DE RAISINS SECS SULTANA
- 1 CUIL. À SOUPE D'HUILE DE TOURNESOL
- 2 OIGNONS PELÉS ET GROSSIÈREMENT COUPÉS
- 8 GOUSSES D'AIL PELÉES ET FINEMENT ÉMINCÉES
- 1 CUIL. À SOUPE DE MIEL
- 2 X 400 G DE TOMATES CONCASSÉES EN BOÎTE
- ½ CUIL. À SOUPE DE BOUILLON DE LÉGUMES EN POUDRE
- 250 G DE GRAINE DE COUSCOUS
- 1 POIGNÉE DE CORIANDRE FRAÎCHE GROSSIÈREMENT CISELÉE, POUR SERVIR

- Mélangez les épices dans un bol. Mettez les morceaux de poulet dans un saladier, ajoutez la moitié du mélange d'épices et remuez jusqu'à ce que le poulet soit bien enrobé. Couvrez et mettez au réfrigérateur 1 à 2 h pour que les épices imprègnent la viande.
- Mettez les abricots et les raisins secs dans un bol et couvrez-les d'eau bouillante.
- Faites chauffer l'huile à feu vif dans une grande poêle à haut bord, ajoutez le poulet mariné et faites-le revenir jusqu'à ce qu'il soit bien doré. Retirez-le de la poêle et réservez.
- Mettez les oignons et l'ail dans la poêle et faites-les revenir 1 min à feu vif, puis versez le reste d'épices et laissez cuire jusqu'à ce que les oignons soient tendres. Ajoutez les abricots, les raisins et leur eau, puis le miel, les tomates et le bouillon en poudre. Portez à ébullition, puis baissez le feu et laissez mijoter 15 min jusqu'à ce que la sauce réduise et épaississe. Incorporez les morceaux de poulet et mélangez bien, puis laissez mitonner à feu doux 20 min, le temps que le poulet soit cuit à point.
- Préparez la graine de couscous en suivant les instructions sur le paquet et servez-la avec le poulet généreusement parsemé de coriandre. C'est très bon aussi avec du boulgour (voir page 39).

ÉPICES POUR VIANDES

Les épices conviennent aux viandes grasses comme aux viandes sur l'os. Elles sont super pour les préparations faites à l'avance – mélangez simplement tous les ingrédients – et se conservent en bocaux plusieurs mois, prêtes à l'emploi. Frottez-en les viandes dont vous voulez relever le goût, puis faites-les cuire comme d'habitude.

INDIENNES

- 4 CUIL. À SOUPE DE CURRY EN POUDRE
- 1 CUIL. À SOUPE DE SEL DE MER
- 1 CUIL. À SOUPE DE CUMIN EN POUDRE
- 1 CUIL. À SOUPE DE CORIANDRE HACHÉE
- 1 CUIL. À SOUPE DE CURCUMA
- 1 CUIL. À SOUPE DE GINGEMBRE EN POUDRE

AUX HERBES

- 1 CUIL. À SOUPE D'ORIGAN SÉCHÉ
- QUELQUES BRINS DE ROMARIN FRAIS GROSSIÈREMENT HACHÉS
- QUELQUES BRINS DE THYM FRAIS GROSSIÈREMENT HACHÉS
- 2 CUIL. À SOUPE DE SEL DE MER
- 1 CUIL. À SOUPE DE POIVRE NOIR FRAÎCHEMENT MOULU

CAJUN

- 1 CUIL. À SOUPE DE PAPRIKA
- 1 CUIL. À SOUPE DE POIVRE DE CAYENNE
- 1 CUIL. À CAFÉ DE SEL D'AIL
- 1 CUIL. À CAFÉ DE MOUTARDE ANGLAISE EN POUDRE
- 1 CUIL. À CAFÉ D'ORIGAN SÉCHÉ
- ½ CUIL. À CAFÉ DE POIVRE NOIR FRAÎCHEMENT MOULU

ASIATIQUES

- 2 CUIL. À SOUPE DE MÉLANGE DE CINQ ÉPICES CHINOIS
- 1 CUIL. À SOUPE DE CASSONADE BRUNE
- 1 CUIL. À SOUPE DE SEL DE MER
- 1 CUIL. À CAFÉ DE FLOCONS DE PIMENT

Pâtes

Les pâtes, vite prêtes, figurent sans conteste parmi mes ingrédients favoris : vraiment pas chères et capables de nourrir un régiment ! En général, je choisis celles au blé complet qui sont meilleures pour la santé et qui offrent, à mon avis, plus de goût. Si vous êtes accro aux pâtes blanches, essayez quand même celles au blé entier : vous pourriez être surpris. J'aime bien faire cuire une grosse fournée de pâtes en début de semaine, puis leur ajouter des ingrédients au fil de mes petits dîners fins ou de mes déjeuners sur le pouce. Voici quatre de mes versions préférées, mais ce que vous en ferez ne regarde que vous...

PÂTES AU PESTO

Voici l'une des premières recettes italiennes que j'ai apprises. C'est une fantastique combinaison de goûts et de textures qui offre dans une seule méga bouchée des sensations de fraîcheur, d'onctuosité, de noisette, de sel... En plus, c'est très facile à cuisiner et idéal pour un menu d'été, quand un pot de basilic peut profiter du soleil sur votre rebord de fenêtre.

POUR 4 PERSONNES

- 300 G DE PENNE AU BLÉ COMPLET
- 25 G DE PIGNONS GRILLÉS (VOIR PAGE 61) + UN PEU POUR SERVIR
- 1 GOUSSE D'AIL PELÉE
- 50 G DE DE BASILIC FRAIS
- 25 G DE PARMESAN RÂPÉ + UN PEU POUR SERVIR
- 7,5 CL D'HUILE D'OLIVE VIERGE + UN PEU POUR SERVIR
- SEL DE MER ET POIVRE NOIR FRAÎCHEMENT MOULU

- Faites cuire les pâtes en suivant les instructions sur le paquet, puis égouttez-les.
- Pendant ce temps, avec un mortier et son pilon, ou au mixeur, réduisez en pâte les pignons de pin, l'ail, le basilic, le parmesan et l'huile d'olive. Salez et poivrez.
- Versez ce pesto au-dessus des pâtes bien chaudes et parsemez le tout de pignons de pin, de parmesan râpé et d'un filet d'huile d'olive... La perfection dans un bol !

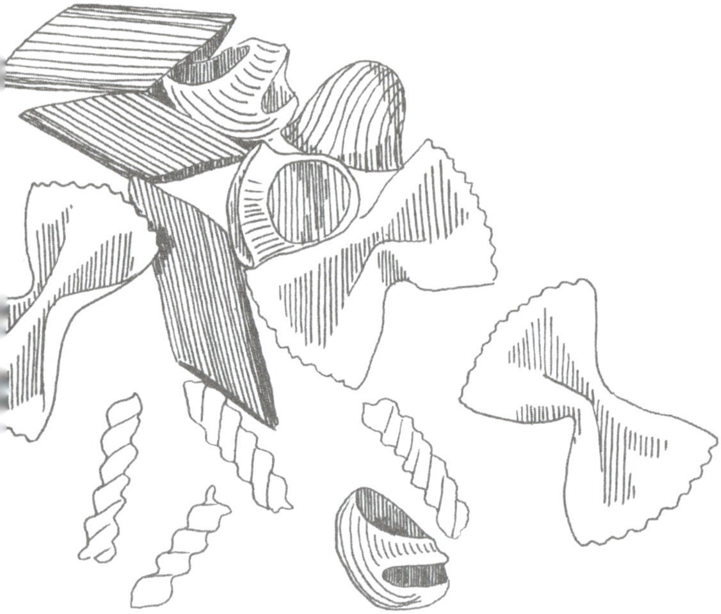

PÂTES AUX TOMATES RÔTIES À PETIT FEU, BASILIC ET CHÈVRE

C'est chouette de connaître quelques recettes vraiment faciles auxquelles on peut avoir recours quand on n'a pas envie de cuisiner. Voici ma préférée, qui donne le maximum de résultat avec le minimum d'efforts. Utilisez les pâtes que vous voulez.

POUR 4 PERSONNES (VÉGÉTARIEN)

- **300 G DE PÂTES AU BLÉ COMPLET**
- **75 G DE FROMAGE DE CHÈVRE COUPÉ EN MORCEAUX**
- **1 BONNE POIGNÉE DE BASILIC FRAIS**
- **BEAUCOUP DE TOMATES CERISE RÔTIES À PETIT FEU (VOIR PAGE 77)**
- **SEL DE MER ET POIVRE NOIR FRAÎCHEMENT MOULU**

- Faites cuire les pâtes dans une grande casserole d'eau bouillante en suivant les instructions sur le paquet. Égouttez-les et remettez-les dans la casserole.

- Tant que les pâtes sont chaudes, incorporez-y le chèvre, le basilic et les tomates. Assaisonnez d'une bonne pincée de sel et de poivre, et servez aussitôt.

TAGLIATELLE AU SAUMON FUMÉ ET AUX TOMATES BIEN MÛRES

C'est un grand plat qui se prépare en quelques minutes et qui est vraiment nourrissant. Vous pouvez vous procurer des tomates mûries au soleil au supermarché. Elles sont plus brillantes que les tomates séchées mais un peu moins intenses en goût.

POUR 4 PERSONNES

- 300 G DE TAGLIATELLE
- 2 CUIL. À SOUPE D'HUILE D'OLIVE
- 2 GOUSSES D'AIL PELÉES ET FINEMENT ÉMINCÉES
- 200 G DE CRÈME FRAÎCHE ALLÉGÉE
- 1 BONNE POIGNÉE D'ANETH FRAIS HACHÉ
- 75 G DE TOMATES BIEN MÛRES, GROSSIÈREMENT CONCASSÉES
- 200 G DE TRANCHES DE SAUMON FUMÉ DÉTAILLÉES EN LANIÈRES
- LE JUS DE ½ CITRON, POUR SERVIR
- SEL DE MER ET POIVRE NOIR FRAÎCHEMENT MOULU

- Faites cuire les pâtes dans une grande casserole d'eau bouillante en suivant les instructions sur le paquet. Égouttez-les.
- Faites chauffer l'huile à feu moyen dans une grande poêle, mettez-y l'ail et laissez-le cuire doucement 1 min. Ajoutez la crème, augmentez le feu, puis ajoutez l'aneth, les tomates, une bonne pincée de sel et de poivre, et mélangez bien.
- Enfin, ajoutez les lanières de saumon et les tagliatelle chaudes, et remuez bien pour que tous les ingrédients soient enrobés de sauce. Servez chaque portion avec un filet de jus de citron.

PÂTES À LA ROQUETTE AVEC AVOCAT ET PARMESAN

Les avocats sont gorgés de vitamines et autres nutriments, autant de bonnes raisons pour en manger. Choisissez des avocats mûrs, légèrement mous au toucher. Et souvenez-vous qu'une fois coupés, ils n'aiment pas attendre et noircissent rapidement, alors préparez-les au dernier moment et arrosez-les de citron pour leur garder un bel aspect le plus longtemps possible.

POUR 4 PERSONNES

- 300 G DE PENNE AU BLÉ COMPLET
- 75 G DE FEUILLES DE ROQUETTE GROSSIÈREMENT COUPÉES
- 50 G DE POUSSES D'ÉPINARDS
- 1 BONNE POIGNÉE DE PARMESAN FRAÎCHEMENT RÂPÉ
- 1 GOUSSE D'AIL PELÉE ET ÉCRASÉE
- 1 CUIL. À CAFÉ DE VINAIGRE BALSAMIQUE
- 2 CUIL. À SOUPE D'HUILE D'OLIVE VIERGE EXTRA
- 2 AVOCATS
- LE JUS DE 1 CITRON
- SEL DE MER ET POIVRE NOIR FRAÎCHEMENT MOULU

- Faites cuire les pâtes dans une grande casserole en suivant les instructions sur le paquet.

- Pendant ce temps, mettez la roquette, les épinards, le parmesan et l'ail dans un saladier.

- Quand les pâtes sont cuites, égouttez-les et versez-les dans le saladier. Ajoutez l'huile, le vinaigre et mélangez pour que les pâtes en soient bien couvertes.

- Pelez et dénoyautez les avocats, coupez-les en tranches et arrosez-les de citron. Ajoutez-les aux pâtes avec une bonne pincée de sel et de poivre, puis parsemez le tout de parmesan. Servez aussitôt et régalez-vous !

ŒUFS

Pour certaines personnes, un repas dont l'ingrédient principal est un œuf semble un peu ennuyeux. Je ne suis pas d'accord : les œufs servent à tant de choses ! J'en achète toujours des quantités de peur d'en manquer, ce qui m'a permis de concevoir quelques recettes inventives. J'aime les œufs au petit déjeuner et j'ai plusieurs recettes qui les mettent vraiment en valeur. D'ailleurs, j'en mangerais à n'importe quel moment de la journée. Alors pourquoi ne pas les essayer vous-même, quel que soit votre avis à ce sujet ?

PANIERS D'ŒUF AUX ÉPINARDS

Servez-les lors d'un petit déjeuner à deux : ces paniers sont aussi beaux que bons !

POUR 2 PERSONNES

- 1 CUIL. À SOUPE D'HUILE D'OLIVE
- 2 GOUSSES D'AIL PELÉES ET FINEMENT ÉMINCÉES
- 50 G DE POUSSES D'ÉPINARDS
- 4 TRANCHES DE PANCETTA (ENVIRON 90 G) COUPÉES DANS LA LONGUEUR
- 75 G DE FROMAGE DE CHÈVRE COUPÉ EN MORCEAUX
- 4 GROS ŒUFS
- POIVRE NOIR FRAÎCHEMENT MOULU
- PAIN AU LEVAIN TOASTÉ ET CROUSTILLANT, POUR SERVIR

MATÉRIEL

- 1 MOULE À MUFFINS À 6 ALVÉOLES

- Préchauffez le four à 200 °C (th. 6-7).
- Faites chauffer l'huile dans une grande poêle à feu moyen et faites-y frire l'ail 30 s. Ajoutez les épinards et laissez-les cuire jusqu'à ce qu'ils aient réduit. Retirez la poêle du feu et réservez-la.
- Tapissez 4 alvéoles du moule à muffins avec des tranches de pancetta. Déposez une cuillerée d'épinards, puis un peu de fromage de chèvre. Cassez un œuf par-dessus et poivrez bien. Enfournez le temps que le blanc de l'œuf se fige mais que le jaune reste liquide.
- Servez avec du pain au levain toasté pour un petit déjeuner copieux.

MES ŒUFS BROUILLÉS À LA PERFECTION

Il existe quelques plats de tous les jours qu'il est impossible d'oublier une fois qu'on les maîtrise. Mes œufs brouillés en font partie, assez bons pour vous faire oublier tous les petits soucis de la vie ! J'ai goûté ceux qu'on sert au *Rosie's Café* de Brixton à Londres, avec de la confiture de piment. C'est un super petit plus, que je vous recommande.

POUR 1 PERSONNE (VÉGÉTARIEN)

- 1 BAGEL AU BLÉ COMPLET COUPÉ EN DEUX
- 2 GROS ŒUFS
- 1 PETITE NOIX DE BEURRE
- CONFITURE DE PIMENT, POUR SERVIR
- SEL DE MER ET POIVRE NOIR FRAÎCHEMENT MOULU

- Toastez les deux moitiés de bagel au grille-pain pour qu'elles soient bien dorées.
- Fouettez les œufs avec du sel, du poivre et le beurre, puis versez-les dans une petite casserole antiadhésive. Placez celle-ci sur feu moyen et laissez les œufs cuire doucement, jusqu'à ce qu'ils commencent à prendre. Avec une cuillère en bois, repoussez le bord des œufs vers le centre, jusqu'à obtenir un résultat bien crémeux. Veillez à ne pas trop cuire les œufs : retirez-les du feu quand ils sont encore légèrement baveux.
- Déposez une cuillerée d'œufs brouillés sur chaque moitié de bagel et servez avec la confiture de piment.

FRITTATA BIEN POIVRÉE

Cette frittata (omelette italienne) convient pour un déjeuner léger ou un petit dîner. Ou encore pour un pique-nique décontracté car elle est très pratique, coupée en tranches.

POUR 4 PERSONNES (VÉGÉTARIEN)

- 1 CUIL. À SOUPE D'HUILE D'OLIVE
- 1 OIGNON ROUGE PELÉ ET ÉMINCÉ
- 2 GROS POIVRONS ROUGES COUPÉS EN TRANCHES
- 2 GOUSSES D'AIL PELÉES ET FINEMENT ÉMINCÉES
- 8 GROS ŒUFS
- 6 CL DE LAIT
- 1 PETITE POIGNÉE DE BASILIC FRAIS GROSSIÈREMENT HACHÉ
- 1 NOIX DE BEURRE
- SEL DE MER ET POIVRE NOIR FRAÎCHEMENT MOULU

- Préchauffez le gril du four.
- Faites chauffer l'huile à feu vif dans une poêle allant au four (sans poignée en plastique). Ajoutez l'oignon, les poivrons et l'ail, et laissez revenir 3 à 4 min, jusqu'à ce qu'ils soient tendres.
- Fouettez dans un saladier les œufs et le lait, puis assaisonnez d'une généreuse pincée de sel et de poivre. Ajoutez le mélange d'oignons et de poivrons, puis le basilic frais, et remuez bien.
- Faites fondre la noix de beurre dans une poêle, puis versez-y les œufs. Laissez prendre doucement, en veillant à ce que le milieu de l'omelette reste baveux. Puis mettez la poêle sous le gril du four chaud et attendez que les œufs dorent.
- Servez en grosses tranches.

ŒUFS DU RANCHERO

Imaginez un petit déjeuner très relevé... Ces œufs à la mexicaine sont vraiment costauds et vous mettent dans l'ambiance dès le lever !

POUR 2 PERSONNES (VÉGÉTARIEN)

- 2 CUIL. À SOUPE D'HUILE D'OLIVE
- 1 OIGNON PELÉ ET ÉMINCÉ
- 3 GOUSSES D'AIL PELÉES ET FINEMENT ÉMINCÉES
- 400 G DE TOMATES CONCASSÉES EN BOÎTE
- 4 PIMENTS ROUGES JALAPEÑO GROSSIÈREMENT COUPÉS
- 1 CUIL. À CAFÉ DE PIMENT EN POUDRE, + UN PEU POUR SERVIR (FACULTATIF)
- 4 TORTILLAS AU BLÉ COMPLET
- 4 GROS ŒUFS
- 1 BONNE POIGNÉE DE CORIANDRE FRAÎCHE GROSSIÈREMENT CISELÉE
- 50 G DE FETA À ÉMIETTER

- Faites chauffer 1 cuil. à soupe d'huile d'olive à feu vif dans une grande poêle. Ajoutez l'oignon et l'ail et faites-les cuire 3 à 4 min jusqu'à ce qu'ils soient tendres. Ajoutez la tomate, les piments et le piment en poudre. Laissez mijoter 10 à 15 min, le temps que la sauce épaississe.

- Dans une autre poêle, réchauffez les tortillas une à la fois sur les deux faces (ou au micro-ondes si c'est indiqué sur le paquet). Gardez-les au chaud dans du film alimentaire.

- Versez le reste d'huile d'olive dans la poêle et cassez-y les œufs. Il faut que le blanc soit cuit et le jaune encore liquide. Déposez chaque œuf sur une tortilla, recouvrez de sauce tomate, parsemez de coriandre, saupoudrez éventuellement d'un peu de piment en poudre, puis de miettes de feta.

MARINADES POUR VIANDES

Ces marinades conviennent parfaitement à n'importe quelle viande. Parfois, je fais le mélange dans un sac congélation, y plonge la viande, presse bien le tout pour en expulser l'air et ferme le sac, puis je le stocke au frigo ou au congélateur jusqu'à ce que j'en aie besoin. La plupart des viandes dans leur marinade se conservent 3 jours au frigo et 3 mois au congélateur. Pour préparer ces marinades, mélangez tout simplement les ingrédients. Encore une fois, les ingrédients et les quantités sont indicatifs, sentez-vous libre de les adapter à votre goût.

BARBECUE

- 3 GOUSSES D'AIL PELÉES ET FINEMENT HACHÉES
- 2 TRAITS DE TABASCO®
- 1 CUIL. À SOUPE DE SAUCE WORCESTERSHIRE
- 1 CUIL. À SOUPE D'HUILE D'OLIVE
- 1 CUIL. À SOUPE DE CASSONADE BRUNE
- 2 CUIL. À SOUPE DE KETCHUP
- LE JUS DE ½ CITRON
- 4 À 5 BRINS DE ROMARIN FRAIS, FINEMENT HACHÉS
- 1½ CUIL. À CAFÉ DE PAPRIKA
- 1 BONNE PINCÉE DE SEL DE MER ET DE POIVRE NOIR FRAÎCHEMENT MOULU

AIL ET HERBES

- 4 GOUSSES D'AIL PELÉES ET ÉMINCÉES
- BRINS DE ROMARIN FRAIS HACHÉS
- BRINS DE THYM FRAIS HACHÉS
- 2 CUIL. À SOUPE D'HUILE D'OLIVE
- LE JUS DE 1 CITRON
- 1 BONNE PINCÉE DE SEL DE MER ET DE POIVRE NOIR FRAÎCHEMENT MOULU

TERIYAKI

- 6 CUIL. À SOUPE DE SAUCE SOJA
- 2 CUIL. À SOUPE DE VIN DE RIZ CHINOIS
- 1 MORCEAU DE GINGEMBRE FRAIS PELÉ ET FINEMENT ÉMINCÉ
- 1 PIMENT ROUGE FINEMENT ÉMINCÉ
- 3 GOUSSES D'AIL PELÉES ET FINEMENT HACHÉES
- 2 CUIL. À SOUPE DE MIEL
- 1 CUIL. À SOUPE D'HUILE DE TOURNESOL

BALSAMIQUE

- 6 CUIL. À SOUPE DE VINAIGRE BALSAMIQUE
- 1 CUIL. À SOUPE D'HUILE D'OLIVE
- 1 CUIL. À CAFÉ DE MOUTARDE DE DIJON
- 3 GOUSSES D'AIL PELÉES ET FINEMENT HACHÉES
- 1 CUIL. À SOUPE DE CASSONADE BRUNE
- 1 BONNE PINCÉE DE SEL DE MER ET DE POIVRE NOIR FRAÎCHEMENT MOULU

VIVE LES TOASTS !

Beaucoup d'ingrédients font de l'effet sur des toasts et se transforment en délicieux petits en-cas pour patienter avant le dîner. Voici mes préférés.

Basilic et mozzarella

Pour moi, rien n'est plus simple ni plus satisfaisant qu'un mélange de basilic frais, de tomate et de mozzarella servi sur un toast – l'en-cas parfait !

POUR 2-3 PERSONNES (VÉGÉTARIEN)

- 2 GROSSES TOMATES BIEN MÛRES COUPÉES EN GROSSES TRANCHES
- QUELQUES FEUILLES DE BASILIC FRAIS
- 1 BOULE DE 125 G DE MOZZARELLA DE BONNE QUALITÉ, COUPÉE EN MORCEAUX
- HUILE D'OLIVE VIERGE EXTRA
- SEL DE MER ET POIVRE NOIR FRAÎCHEMENT MOULU

Recouvrez le toast de tranches de tomate et de morceaux de mozzarella. Éparpillez dessus les feuilles de basilic, assaisonnez d'une pincée de sel et de poivre, puis arrosez d'un bon filet d'huile d'olive.

Champignons à l'ail

Il n'y a rien de mieux que les champignons à l'ail. Si vous êtes un maniaque de l'ail, comme moi, pourquoi ne pas doubler les quantités ?

POUR 2-3 PERSONNES (VÉGÉTARIEN)

- 1 BONNE NOIX DE BEURRE
- 1 CUIL. À SOUPE D'HUILE D'OLIVE
- 2 GOUSSES D'AIL PELÉES ET HACHÉES
- 250 G DE CHAMPIGNONS ÉMINCÉS
- 1 BONNE POIGNÉE DE PERSIL PLAT HACHÉ, POUR SERVIR
- SEL DE MER ET POIVRE NOIR FRAÎCHEMENT MOULU

Faites chauffer le beurre et l'huile dans une grande poêle à feu moyen, mettez-y le persil et faites-le frire 30 à 40 s. Ajoutez les champignons et faites-les revenir 3 à 4 min, jusqu'à ce qu'ils soient bien tendres. Assaisonnez d'une généreuse pincée de sel et de poivre, puis recouvrez les toasts de champignons et parsemez de persil.

Haricots sur toast

Pour certains, les haricots sur toast sont un genre d'œuvre d'art, aussi j'espère que cette version ne les contrariera pas. Les réaliser soi-même fait toute la différence et laisse un sentiment de satisfaction. Vous pouvez utiliser aussi des haricots secs ou des cocos. Les végétariens choisiront la sauce Worcestershire végétarienne.

POUR 2-3 PERSONNES

- 1 CUIL. À SOUPE D'HUILE D'OLIVE
- 2 GOUSSES D'AIL PELÉES ET FINEMENT HACHÉES
- ½ OIGNON ROUGE PELÉ ET ÉMINCÉ
- 400 G DE TOMATES CONCASSÉES EN BOÎTE
- 5 CL DE VIN ROUGE
- 1 CUIL. À SOUPE DE SAUCE WORCESTERSHIRE
- ½ CUIL. À CAFÉ DE SUCRE CRISTALLISÉ
- 400 G DE HARICOTS BLANCS EN BOÎTE ÉGOUTTÉS ET RINCÉS
- SEL DE MER ET POIVRE NOIR FRAÎCHEMENT MOULU

- Faites chauffer l'huile dans une grande poêle à feu moyen, mettez-y l'ail et l'oignon et faites-les cuire 4 à 5 min jusqu'à ce qu'ils soient tendres. Ajoutez les tomates, le vin rouge, la sauce Worcestershire et le sucre. Portez à ébullition, puis baissez le feu et laissez mijoter 10 min pour que la sauce épaississe. Salez et poivrez généreusement.

- Incorporez les haricots et laissez cuire à petits bouillons 5 min de plus. Déposez quelques bonnes cuillerées de la préparation sur les toasts et régalez-vous !

Antipasti

Cette combinaison classique d'ingrédients compose un chouette petit en-cas qui peut même se déguster au petit déjeuner.

POUR 2-3 PERSONNES

- 2 TRANCHES DE JAMBON DE PARME
- 1 BONNE POIGNÉE DE COPEAUX DE PARMESAN (ENVIRON 50 G)
- 8 OLIVES VERTES DÉNOYAUTÉES
- 250 G DE TOMATES CERISE RÔTIES À PETIT FEU (VOIR PAGE 77)
- HUILE D'OLIVE VIERGE EXTRA

Garnissez le toast de jambon, fromage, olives et tomates, puis arrosez généreusement d'huile d'olive.

MAYONNAISE

Vous devez vraiment préparer vous-même votre mayonnaise, juste pour vous rendre compte comme c'est facile. Pour obtenir une bonne mayonnaise, il faut de bons ingrédients, alors procurez-vous des œufs frais et de l'huile d'olive de qualité. L'avantage d'une mayonnaise maison est que vous pouvez modifier sa saveur à votre goût. Voici quelques-unes de mes favorites, qui se conservent 3 à 4 jours au frigo, dans un bocal.

Classique

POUR 4 PERSONNES (VÉGÉTARIEN)

- 1 JAUNE D'ŒUF
- ½ CUIL. À CAFÉ DE MOUTARDE
- 2 CUIL. À CAFÉ DE VINAIGRE BLANC
- 10 CL D'HUILE DE TOURNESOL
- 2 CUIL. À SOUPE D'HUILE D'OLIVE VIERGE EXTRA
- 1 PINCÉE DE SEL DE MER

- Mettez le jaune d'œuf, la moutarde, le vinaigre et le sel dans un bol propre.
- Versez l'huile dans un verre gradué d'où elle coulera facilement. Stabilisez le bol en le plaçant sur une serviette humide car vos deux mains seront occupées. Un fouet dans une main et le verre d'huile dans l'autre, fouettez le contenu du bol en ajoutant l'huile goutte à goutte. Veillez à ne pas la verser trop vite, car le mélange tournerait. Vous pourrez commencer à la verser en filet quand la sauce aura épaissi. Soyez patient !
- Continuez à fouetter jusqu'à ce qu'il n'y ait plus d'huile et que la mayonnaise soit bien épaisse.

Aïoli

Au début de la recette classique, ajoutez 2 gousses d'ail pelées et émincées, et, quand la mayonnaise a épaissi, incorporez une petite poignée de feuilles de persil plat.

Aux herbes

Quand la mayonnaise a pris, mélangez-y une poignée d'herbes fraîches mélangées (persil, fines herbes, basilic, estragon, menthe, etc. – à votre goût).

Au curry

Mélangez 1 cuil. à café de curry moyen en poudre à la mayonnaise classique et servez-la avec des crudités, en hors-d'œuvre.

Hachis

Le hachis est un ingrédient de base car il se congèle bien et peut être réchauffé quand vous en avez besoin. Voici quelques délicieuses façons de l'accommoder.

SUPER BOLOGNAISE

Une des premières recettes que j'ai apprises était la sauce bolognaise. Cette version aux cinq légumes est parfaite pour améliorer la valeur nutritionnelle de l'assiette des enfants. Et cet apport booste le goût du hachis. Si vous voulez gagner du temps de préparation, passez les légumes au mixeur.

POUR 4-6 PERSONNES

- 2 CUIL. À SOUPE D'HUILE D'OLIVE
- 500 G DE BŒUF HACHÉ
- 1 OIGNON PELÉ ET FINEMENT ÉMINCÉ
- 2 GOUSSES D'AIL PELÉES ET FINEMENT ÉMINCÉES
- 1 POIVRON ROUGE COUPÉ FINEMENT
- 1 PETITE CAROTTE PELÉE ET RÂPÉE
- 1 PETITE COURGETTE COUPÉE EN PETITS MORCEAUX
- 75 G DE CHAMPIGNONS ROSÉS ÉMINCÉS
- 400 G DE TOMATES CONCASSÉES EN BOÎTE
- 10 CL DE VIN ROUGE
- 1 CUIL. À CAFÉ D'ORIGAN SÉCHÉ
- 1 BONNE POIGNÉE DE BASILIC FRAIS GROSSIÈREMENT CISELÉ + QUELQUES FEUILLES, POUR SERVIR
- SEL DE MER ET POIVRE NOIR FRAÎCHEMENT MOULU

- Faites chauffer 1 cuil. à soupe d'huile d'olive à feu vif dans une grande poêle, ajoutez le bœuf haché et faites-le revenir 2 à 3 min jusqu'à ce qu'il dore. Ôtez la viande de la poêle et mettez-la dans une assiette.
- Faites chauffer le reste d'huile à feu moyen dans la poêle, et faites-y sauter les oignons et l'ail 30 à 40 s. Ajoutez le poivron, la carotte, la courgette et les champignons, et laissez cuire 4 à 5 min. Remettez la viande hachée dans la poêle avec la tomate, le vin rouge et l'origan, salez et poivrez. Portez la sauce à ébullition, puis réduisez le feu et laissez mijoter 15 min. Enfin, incorporez le basilic.
- Servez avec les pâtes de votre choix ou des spaghettis parsemés des feuilles de basilic, ou utilisez la sauce comme il est indiqué dans les autres recettes. Elle se conserve 3 à 4 jours au réfrigérateur et 3 mois au congélateur.

MINI-PAINS DE VIANDE À L'AMÉRICAINE

Les enfants adorent ces mini-pains de viande. Si vous n'avez pas de mie de pain sous la main, écrasez des crackers nature : ils feront aussi bien l'affaire.

POUR 6 PERSONNES

- **1 CUIL. À SOUPE D'HUILE D'OLIVE**
- **2 GROS OIGNONS PELÉS ET FINEMENT ÉMINCÉS**
- **1 KG DE BŒUF HACHÉ**
- **2 CUIL. À SOUPE DE SAUCE WORCESTERSHIRE**
- **½ CUIL. À CAFÉ DE TABASCO®**
- **75 G DE MIE DE PAIN FRAÎCHE**
- **1 GROS ŒUF BATTU**
- **10 CL DE KETCHUP (ENVIRON 8 CUIL. À SOUPE)**
- **SALADE VERTE, POUR ACCOMPAGNER**
- **SEL DE MER ET POIVRE NOIR FRAÎCHEMENT MOULU**

- Préchauffez le four à 190 °C (th. 6-7).
- Faites chauffer l'huile d'olive dans une grande poêle à feu moyen, mettez-y les oignons et l'origan, salez et poivrez et laissez mijoter 10 min en remuant de temps en temps, jusqu'à ce que les oignons soient moelleux.
- Dans un saladier, mettez le bœuf haché, la sauce Worcestershire, le Tabasco®, la mie de pain, l'œuf, 1 cuil. à soupe de ketchup et les oignons, puis malaxez le tout avec les mains.
- Divisez la préparation en petits pains de grosseur égale et disposez-les sur une plaque de four. À l'aide d'une cuillère, répartissez le ketchup restant sur chaque mini-pain, puis enfournez pour 30 à 40 min, jusqu'à ce qu'ils soient cuits à cœur.
- Servez avec une salade verte bien goûteuse.

LASAGNES FACILES

Les lasagnes ont toujours beaucoup de succès et sont faciles à cuisiner rapidement si vous avez de la sauce bolognaise toute prête (voir page 174). Il ne reste plus qu'à préparer la sauce au fromage qui recouvrira le tout et à mettre le plat à dorer au four… un délice !

POUR 4-6 PERSONNES

- 1 SUPER BOLOGNAISE (VOIR PAGE 174)
- 4 FEUILLES DE LASAGNE PRÊTES À CUIRE

SAUCE AU FROMAGE

- 50 G DE BEURRE
- 50 G DE FARINE
- 30 CL DE LAIT TIÈDE
- 150 G DE CHEDDAR RÂPÉ + UN PEU POUR SAUPOUDRER
- 1 CUIL. À CAFÉ DE MOUTARDE ANGLAISE
- SEL DE MER ET POIVRE NOIR FRAÎCHEMENT MOULU

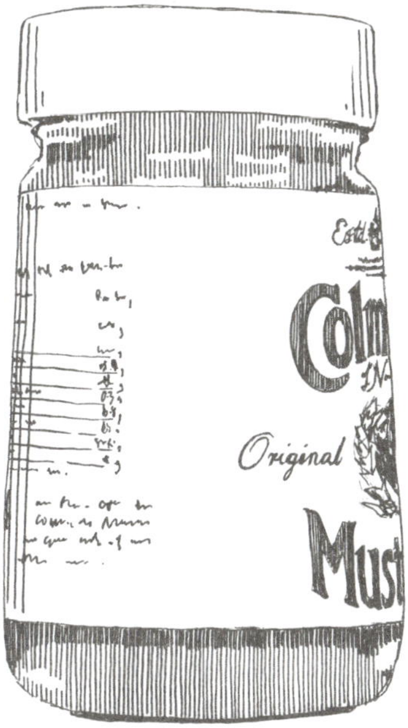

- Préchauffez le four à 190 °C (th. 6-7).
- Pour la sauce au fromage, faites fondre le beurre dans une casserole et mélangez-y rapidement la farine pour obtenir un roux. Versez le lait petit à petit, puis portez à ébullition. Baissez le feu et laissez mijoter 2 min jusqu'à ce que la sauce épaississe. Ôtez la casserole du feu et ajoutez le fromage et la moutarde. Salez et poivrez.
- Mettez la moitié de la sauce bolognaise dans un plat à gratin, couvrez-la avec un tiers de la sauce au fromage et 2 feuilles de lasagne. Répétez l'opération en terminant par les 2 dernières feuilles de lasagne, puis recouvrez du reste de sauce et parsemez de cheddar râpé.
- Enfournez pour 25 min, le temps que la sauce bouillonne et que le fromage dore.

TOURTE DU BERGER VITE FAITE BIEN FAITE

C'est un des plats familiaux les plus appréciés, surtout les soirs d'hiver. Il se congèle très bien.

POUR 4-6 PERSONNES

- 1 SUPER BOLOGNAISE À BASE D'AGNEAU HACHÉ (VOIR PAGE 174)
- 1 KG DE POMMES DE TERRE FERMES PELÉES ET COUPÉES EN CUBES
- 3 CUIL. À SOUPE DE BEURRE
- 2 GROS JAUNES D'ŒUFS
- 25 G DE PARMESAN RÂPÉ + UN PEU POUR SAUPOUDRER
- SEL DE MER ET POIVRE NOIR FRAÎCHEMENT MOULU

- Préchauffez le four à 190 °C (th. 6).
- Mettez les pommes de terre dans une grande casserole d'eau froide, portez à ébullition, puis baissez le feu et laissez cuire 12 min, jusqu'à ce qu'elles soient tendres quand on les pique à la pointe d'un couteau. Égouttez-les, remettez-les dans la casserole et écrasez-les en purée. Incorporez le beurre et les jaunes d'œufs, puis le parmesan râpé.
- Versez la sauce bolognaise au fond d'un plat à gratin et recouvrez-la de purée de pommes de terre. Saupoudrez du reste de parmesan, puis salez et poivrez. Enfin, enfournez pour 15 à 20 min, le temps que la surface dore.

ASSAISONNEMENTS

Incroyablement faciles et très goûteux, vous allez vous demander pourquoi vous ne faisiez pas vous-même vos assaisonnements. Pour chacun d'eux, contentez-vous de mélanger les ingrédients, ou même de les préparer d'avance, en les conservant dans un bocal propre et bien fermé que vous secouez pour mélanger. N'hésitez pas à essayer des saveurs, mais respectez la règle d'or : un quart d'acidité (citron ou vinaigre) pour trois quarts d'huile, ce qui donne un résultat équilibré. Préparez toujours la salade à la dernière minute, sinon les feuilles risquent de se faner. Il faut les déguster les plus fraîches et croquantes possible. La sauce se conserve 3 à 4 jours au frigo.

À L'ASIATIQUE

POUR 4-6 PERSONNES (VÉGÉTARIEN)

- 3 CUIL. À SOUPE D'HUILE DE TOURNESOL
- 1 CUIL. À SOUPE DE SAUCE SOJA NOIRE
- 2 GOUSSES D'AIL PELÉES ET FINEMENT HACHÉES
- 1 MORCEAU DE GINGEMBRE FRAIS PELÉ ET FINEMENT ÉMINCÉ
- 2 CUIL. À CAFÉ DE MIEL
- LE JUS DE 1 CITRON

À LA MOUTARDE DE DIJON

POUR 4-6 PERSONNES (VÉGÉTARIEN)

- 1 GOUSSE D'AIL PELÉE ET FINEMENT HACHÉE
- 1 CUIL. À CAFÉ DE MOUTARDE DE DIJON
- 1 CUIL. À SOUPE DE VINAIGRE DE VIN BLANC
- 1 CUIL. À SOUPE DE JUS DE CITRON
- 3 CUIL. À SOUPE D'HUILE D'OLIVE VIERGE EXTRA
- 1 BONNE PINCÉE DE SEL DE MER ET DE POIVRE NOIR FRAÎCHEMENT MOULU

CRÈME ET CIBOULETTE

POUR 4-6 PERSONNES (VÉGÉTARIEN)

- 3 CUIL. À SOUPE D'HUILE D'OLIVE VIERGE EXTRA
- 1 CUIL. À SOUPE DE CRÈME FRAÎCHE
- LE JUS DE ½ CITRON
- 1 BONNE POIGNÉE DE CIBOULETTE FINEMENT CISELÉE
- 1 BONNE PINCÉE DE SEL DE MER ET DE POIVRE NOIR FRAÎCHEMENT MOULU

AUX HERBES

POUR 4-6 PERSONNES (VÉGÉTARIEN)

- 1 GOUSSE D'AIL PELÉE ET FINEMENT HACHÉE
- 1 BONNE POIGNÉE DE CHAQUE HERBE FRAÎCHE FINEMENT HACHÉE : ROMARIN, THYM ET BASILIC + 2 BRINS DE ROMARIN
- 1 CUIL. À CAFÉ DE MIEL
- 1 CUIL. À SOUPE DE VINAIGRE BALSAMIQUE
- 3 CUIL. À SOUPE D'HUILE D'OLIVE VIERGE EXTRA
- 1 BONNE PINCÉE DE SEL DE MER ET DE POIVRE NOIR FRAÎCHEMENT MOULU

ASIA

PLATS À BASE DE RIZ

Le riz est un basique de la cuisine, pas très cher et bien plus riche en potentiel qu'un simple accompagnement. Essayez différentes sortes de riz. Il en existe plusieurs variétés, alors testez-les et faites preuve d'imagination. Soyez prudent lorsque vous utilisez des restes de riz cuit : gardez-les au frigo, mais pas plus d'une journée.

Salade végétarienne au riz brun

Les restes peuvent constituer un bon déjeuner, et celui-ci est mon préféré quand il s'agit de riz. Préparez les ingrédients et mettez-les dans une *lunch box* ; rien de plus facile !

POUR 4 PERSONNES (VÉGÉTARIEN)

- 250 G DE RIZ BASMATI BRUN
- 1 GOUSSE D'AIL PELÉE ET FINEMENT HACHÉE
- 3 CUIL. À SOUPE D'HUILE D'OLIVE VIERGE EXTRA
- 1 CUIL. À SOUPE DE VINAIGRE BALSAMIQUE
- 400 G DE POIS CHICHES EN BOÎTE ÉGOUTTÉS ET GROSSIÈREMENT ÉCRASÉS
- 6 ASPERGES CRUES OU BLANCHIES FINEMENT COUPÉES
- 1 BONNE POIGNÉE DE PERSIL PLAT GROSSIÈREMENT CISELÉ
- 50 G DE ROQUETTE GROSSIÈREMENT COUPÉE
- SEL DE MER ET POIVRE NOIR FRAÎCHEMENT MOULU

- Utilisez un reste de riz ou faites-en cuire en suivant les instructions sur le paquet, puis égouttez-le et laissez-le refroidir.
- Dans un saladier, mélangez l'ail, l'huile d'olive et le vinaigre balsamique. Ajoutez le riz cuit, les pois chiches, les asperges, le persil et la roquette, et mélangez bien. Salez et poivrez.

Riz parfumé thaï

Dans cette recette, le riz gagne en raffinement et en saveur.

POUR 4 PERSONNES

- 250 G DE RIZ BASMATI BRUN
- 1 CUIL. À SOUPE D'HUILE DE TOURNESOL
- 1 TIGE DE CITRONNELLE
- 1 MORCEAU DE GINGEMBRE FRAIS PELÉ ET FINEMENT ÉMINCÉ
- 6 CIBOULES ÉMINCÉES
- 2 POIVRONS ROUGES COUPÉS EN PETITS DÉS
- 1 CUIL. À SOUPE DE NUOC-MÂM THAÏLANDAIS
- 1 CUIL. À SOUPE DE SAUCE SOJA
- LE JUS DE 1 CITRON VERT
- 1 BONNE POIGNÉE DE FEUILLES DE CORIANDRE GROSSIÈREMENT COUPÉES

- Faites cuire le riz en suivant les indications sur le paquet, puis égouttez-le et laissez-le refroidir.
- Pendant ce temps, faites chauffer l'huile dans une poêle à feu moyen, ajoutez la citronnelle, le gingembre, l'oignon et le poivron, et laissez mijoter jusqu'à ce qu'ils deviennent tendres. Assaisonnez avec le nuoc-mâm, la sauce soja et le jus de citron.
- Versez le riz dans la poêle et remuez jusqu'à ce qu'il soit chaud et que les arômes se mélangent, puis ajoutez la coriandre.
- Servez ce délicieux accompagnement plein de vitalité sans attendre.

Tomates farcies au riz

Ces tomates farcies sont parfaites comme accompagnement consistant.

POUR 4 PERSONNES

- 250 G DE RIZ BASMATI BRUN
- 4 GROSSES TOMATES
- 2 CUIL. À SOUPE DE PESTO (VOIR PAGE 155)
- 50 G DE PIGNONS
- 1 BONNE POIGNÉE DE BASILIC FRAIS GROSSIÈREMENT CISELÉ
- 2 CUIL. À SOUPE D'HUILE D'OLIVE
- SEL DE MER ET POIVRE NOIR FRAÎCHEMENT MOULU

- Faites cuire le riz en suivant les indications sur le paquet, puis égouttez-le et laissez-le refroidir.
- Préchauffez le four à 180 °C (th. 6).
- Coupez le sommet des tomates (réservez les chapeaux), puis videz-les et mettez leur chair dans un bol. Ajoutez le riz froid, le pesto et les pignons, puis le basilic. Placez les tomates évidées dans un plat à rôtir et arrosez-les d'huile d'olive. Salez et poivrez.
- Remplissez les tomates avec la préparation de riz et couvrez chacune de son chapeau. Enfournez pour 25 min. Servez avec un plat de viande ou de poisson.

Risotto de pancetta croustillante

J'adore cette recette – c'est un plat vraiment sympa qui vous laisse rassasié, satisfait et réchauffé. Le risotto peut sembler un peu délicat à cuisiner, mais il suffit de le surveiller et d'incorporer le liquide lentement, alors lancez-vous ! Si vous ne trouvez pas de tranches de pancetta, utilisez du lard fumé à la place.

POUR 4 PERSONNES

- 850 G DE COURGE MUSQUÉE PELÉE, COUPÉE EN DEUX PUIS EN TRANCHES DANS LA LONGUEUR
- 3 GOUSSES D'AIL PELÉES ET GROSSIÈREMENT HACHÉES
- 1 BRIN DE THYM FRAIS
- 4 CUIL. À SOUPE D'HUILE D'OLIVE
- 8 TRANCHES DE PANCETTA
- 1 L DE BOUILLON DE POULE
- 150 G DE BEURRE
- 1 OIGNON PELÉ ET ÉMINCÉ
- 300 G DE RIZ À RISOTTO
- 7,5 CL DE VIN BLANC
- 150 G DE PARMESAN RÂPÉ
- SEL DE MER ET POIVRE NOIR FRAÎCHEMENT MOULU

- Préchauffez le four à 220 °C (th. 7-8).
- Mettez la courge dans un plat à four avec l'ail, le thym, une bonne pincée de sel et de poivre, et la moitié de l'huile d'olive, puis mélangez bien.
- Couvrez de papier sulfurisé et enfournez pour 50 min jusqu'à ce que la courge soit cuite à point ; 10 min avant la fin, ôtez le papier, étalez la pancetta dessus et poursuivez la cuisson jusqu'à ce qu'elle croustille. Quand l'ensemble est cuit, sortez le plat du four, et réservez les deux à part.
- Versez le bouillon dans une casserole et portez-le à frémissement.
- Faites chauffer 175 g de beurre et le reste d'huile d'olive dans une grande poêle, faites-y revenir l'oignon 10 min à feu moyen, jusqu'à ce qu'il soit transparent. Ajoutez le riz et remuez pour l'enrober de matière grasse.
- Versez le vin blanc, portez à ébullition et laissez mijoter jusqu'à ce qu'il soit presque évaporé, puis versez le bouillon chaud, environ 2 louches à la fois, en attendant qu'il soit absorbé avant d'en rajouter. Continuez ainsi jusqu'à ce que le riz devienne tendre et crémeux, ce qui peut prendre 15 min.
- Ajoutez le reste de beurre, la courge rôtie à l'ail et le parmesan, et remuez doucement. Salez et poivrez. Servez aussitôt avec la pancetta posée par-dessus.

DESSERTS ET GÂTEAUX FACILES

Si vous prenez le temps de faire un dessert, autant réaliser quelque chose qui surprenne vos invités. Alors, bien que vous les ayiez sûrement impressionnés en leur cuisinant un plat principal étonnant, pourquoi ne pas franchir l'étape suivante et sortir du frigo ou du four quelque chose de sucré ? Ils chanteront vos louanges pendant des semaines ! Si vous arrivez à faire certains de ces desserts, vous pourrez ensuite les préparer les yeux fermés. Les premiers desserts que j'ai fait tout seul étaient pour la plupart cuits au four. Pour les débutants, la réalisation d'une recette – mesurer, tamiser, battre, mélanger, servir – constitue un super divertissement, c'est d'ailleurs ainsi que, petit garçon, je passais une bonne partie de mon temps. C'est vraiment une très bonne façon d'occuper vos enfants, et vous aurez rapidement une brigade de petits « chefs » en cuisine.

SCONES AUX MYRTILLES ET AU CITRON

Ajouter différentes saveurs aux bons vieux scones, ça réveille les papilles ! Je vous assure qu'il n'y a rien de mieux que des scones tièdes juste sortis du four avec un petit peu de beurre – DÉ-LI-CIEUX ! Les scones peuvent aussi se congeler.

POUR 10-12 SCONES

- **250 G DE FARINE + UN PEU POUR LE PLAN DE TRAVAIL**
- **1 CUIL. À SOUPE DE LEVURE CHIMIQUE**
- **1 CUIL. À CAFÉ DE SEL**
- **40 G DE BEURRE FROID COUPÉ EN PETITS MORCEAUX**
- **45 G DE SUCRE SEMOULE**
- **2 À 3 CUIL. À SOUPE DE BABEURRE, + UN PEU POUR BADIGEONNER LES SCONES**
- **1 GROS ŒUF BATTU**
- **100 G DE MYRTILLES**
- **LE ZESTE DE 1 CITRON FINEMENT RÂPÉ**

MATÉRIEL

- **1 EMPORTE-PIÈCE OU 1 VERRE DE 6 CM DE DIAMÈTRE**

- Préchauffez le four à 200 °C (th. 6-7) et farinez généreusement une plaque de four.
- Tamisez la farine, la levure chimique et le sel dans un saladier. Ajoutez le beurre et, du bout des doigts, incorporez-le jusqu'à ce que le mélange fasse de grosses miettes. Mettez le sucre dans le saladier, puis le babeurre, l'œuf, les myrtilles, le citron et son zeste, et mélangez avec une cuillère jusqu'à l'obtention d'une pâte.
- Déposez la pâte sur un plan de travail fariné et abaissez-la pour lui donner une épaisseur de 2,5 cm. À l'emporte-pièce ou avec un verre, découpez-y les scones et placez-les sur la plaque de four. Pétrissez et abaissez à nouveau le reste de pâte pour faire d'autres scones, si nécessaire.
- Badigeonnez les scones avec le reste de babeurre et enfournez-les pour 10 à 15 min, jusqu'à ce qu'ils aient gonflé et doré.
- Sortez les scones du four et mettez-les sur une grille pour qu'ils refroidissent, si vous pouvez attendre tout ce temps-là !

POMMES EN CROÛTE

Des pommes tièdes caramélisées, une pâte friable et croustillante, un jus sucré-acidulé et un voile de sucre glace… Vous avez encore faim ? Ces tranches de pommes sont un petit dessert très gourmand qui ne demande ni beaucoup de temps ni de gros efforts. N'ayez pas peur des précautions qu'il faut prendre pour disposer les pommes sur la pâte. J'aime bien quand elles ont l'air d'être faites à la maison.

POUR 4 PERSONNES

- 200 G DE FARINE TAMISÉE, + UN PEU POUR LE PLAN DE TRAVAIL
- 1 CUIL. À SOUPE DE SUCRE SEMOULE
- 150 G DE BEURRE COUPÉ EN PETITS MORCEAUX

GARNITURE

- 3 GROSSES POMMES À CUIRE PELÉES, ÉPÉPINÉES ET COUPÉES EN TRANCHES FINES
- 75 G DE CASSONADE BRUNE
- 50 G DE BEURRE COUPÉ EN PETITS MORCEAUX

POUR SERVIR

- UN PEU DE SUCRE GLACE
- CRÈME FOUETTÉE

- Pour la pâte, versez la farine et le sucre dans un saladier. Mettez-y le beurre et, du bout des doigts, incorporez-le à la farine jusqu'à ce que le mélange fasse de grosses miettes. Ajoutez 3 cuil. à soupe d'eau froide, petit à petit, et pétrissez la pâte en forme de boule. Enveloppez celle-ci dans un film et réservez-la au réfrigérateur 1 h au moins.

- Préchauffez le four à 200 °C (th. 6-7) et recouvrez une plaque de four de papier sulfurisé.

- Abaissez la pâte sur un plan de travail légèrement fariné pour obtenir un rectangle de 30 x 15 cm. Transférez-le avec précaution sur la plaque de four.

- Roulez les tranches de pommes dans la cassonade, puis disposez-les sur la pâte en laissant tout autour un bord d'environ 2,5 cm. Relevez le tour de la pâte et repliez-le vers l'intérieur, de façon à former un bord. Parsemez les pommes de petits morceaux de beurre.

- Enfournez pour 45 min jusqu'à ce que les pommes caramélisent et que la pâte dore. Sortez le plat du four et laissez légèrement tiédir avant de découper des parts. Saupoudrez de sucre glace et servez avec un peu de crème fouettée.

Tourte pommes-mûres

Les tourtes maison me rappellent celles, grosses et juteuses, qu'on laissait refroidir sur le rebord de la fenêtre dans les dessins animés de *Tom et Jerry* et pour lesquelles ça finissait toujours mal. Celle-ci aussi ravira vos convives.

POUR 6-8 PERSONNES

- 330 G DE FARINE + UN PEU POUR LE PLAN DE TRAVAIL
- 1 PINCÉE DE SEL
- 175 G DE BEURRE FROID COUPÉ EN PETITS MORCEAUX
- 1 GROS ŒUF LÉGÈREMENT BATTU
- CRÈME FRAÎCHE OU CRÈME ANGLAISE, POUR SERVIR

GARNITURE

- 750 G DE POMMES À CUIRE PELÉES, ÉPÉPINÉES ET COUPÉES EN PETITS MORCEAUX
- 750 G DE MÛRES
- 100 G DE SUCRE SEMOULE, + UN PEU POUR SAUPOUDRER
- LE JUS DE ½ CITRON
- 1 CUIL. À SOUPE DE FARINE

MATÉRIEL

- 1 MOULE À TARTE DE 23 CM DE DIAMÈTRE ET DE 2,5 CM DE HAUT, À FOND AMOVIBLE

- Pour la pâte, versez la farine et le sel dans un saladier. Incorporez le beurre du bout des doigts, jusqu'à ce que le mélange fasse de grosses miettes. Ajoutez 4 à 6 cuil. à soupe d'eau froide, petit à petit, et pétrissez la pâte en forme de boule. Enveloppez-la dans un film alimentaire et réservez 15 min au réfrigérateur.
- Pour la garniture, mélangez dans un bol les pommes et les mûres avec le sucre, le jus de citron et la farine.
- Préchauffez le four à 180 °C (th. 6).
- Abaissez les deux tiers de la pâte sur un plan de travail légèrement fariné pour obtenir un cercle de 29 cm environ. Soulevez-le doucement avec le rouleau à pâtisserie et transférez-le dans le moule. Pressez la pâte sur le fond et le bord du moule, puis coupez ce qui dépasse. Malaxez les bouts avec le restant de pâte. Disposez les fruits sur la pâte.
- Abaissez le reste de pâte sur le plan de travail légèrement fariné en un cercle de 24 cm et coupez-le en bandes de 2,5 cm de large. Badigeonnez le bord de la tourte avec du jaune d'œuf, puis disposez les bandes de pâte en les croisant au-dessus des fruits, de manière à obtenir un quadrillage. Pressez leurs extrémités sur le bord de la tourte. Ôtez ce qui dépasse. Badigeonnez ce quadrillage avec de l'œuf et saupoudrez-le d'un peu de sucre.
- Enfournez la tourte pour 45 min à 1 h jusqu'à ce que la pâte dore et que le jus bouillonne. Sortez-la du four et laissez-la tiédir 15 min sur une grille. Servez encore tiède avec de la crème fraîche ou de la crème anglaise.

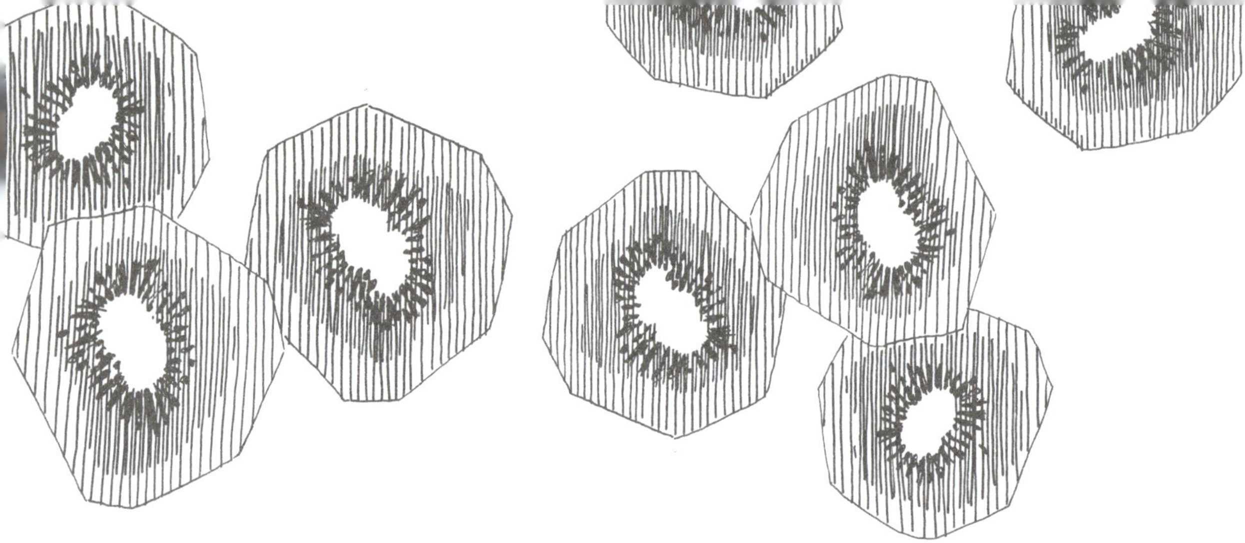

SALADE DE KIWIS ET DE FRAMBOISES

C'est parfait pour un petit déjeuner frais et acidulé ou un dessert délicieux et léger. Le mélange de couleurs est fantastique et les saveurs vont vous réveiller les papilles. Je me contente des kiwis et de la menthe quand ce n'est pas la saison des framboises.

POUR 4 PERSONNES

- **6 KIWIS**
- **125 G DE FRAMBOISES FRAÎCHES**
- **3 GRANDS BRINS DE MENTHE FRAÎCHE HACHÉS**

Pelez et coupez les kiwis en tranches. Disposez-les sur une assiette de service, répartissez les framboises par-dessus et saupoudrez le tout de menthe hachée – on ne peut pas faire plus simple !

Sablés aux fraises vanillées

Quand j'y pense, les sablés pourraient bien être la première chose que j'ai appris à cuisiner quand j'étais enfant. Mon meilleur pote Jonathan et moi les vendions à nos voisins – je sais, nous étions des mômes bizarres ! Cette recette donne un biscuit tiède, friable et bien beurré qui convient à la perfection à la douceur intense des fraises. Si vous ne trouvez pas de sucre vanillé, vous pouvez vous débrouiller en mettant 2 ou 3 gousses de vanille dans un pot de sucre semoule qui en prendra le goût au bout de quelques jours.

POUR 4 PERSONNES

- 100 G DE BEURRE FROID COUPÉ EN PETITS MORCEAUX
- 150 G DE FARINE TAMISÉE, + UN PEU POUR SAUPOUDRER
- 50 G DE SUCRE SEMOULE
- 1 CUIL. À CAFÉ D'EXTRAIT DE VANILLE
- 250 G DE FRAISES FRAÎCHES ÉQUEUTÉES ET COUPÉES EN DEUX
- 4 CUIL. À SOUPE DE SUCRE VANILLÉ
- CRÈME FOUETTÉE, POUR SERVIR

- Mettez la farine dans un saladier, ajoutez le beurre et, du bout des doigts, incorporez-le jusqu'à ce que le mélange s'émiette. Versez le sucre et l'extrait de vanille, puis pétrissez la pâte et formez une boule. Enveloppez celle-ci dans du film alimentaire et mettez-la 15 min au réfrigérateur.

- Pendant que la pâte repose, mélangez les fraises et le sucre vanillé et réservez.

- Préchauffez le four à 180 °C (th. 6).

- Abaissez la pâte sur un plan de travail fariné, puis coupez-la en morceaux en leur donnant la forme qui vous plaît. Disposez-les sur une plaque de four antiadhésive. Enfournez pour 15 à 20 min de cuisson, jusqu'à ce que la pâte dore.

- Sortez les sablés du four et laissez-les refroidir sur une grille. Servez-les avec les fraises et une bonne cuillerée de crème fouettée.

CUPCAKES NATURE

Cette recette de cupcakes est une adaptation de celle de ma tante Erica. Si vous voulez laisser les enfants les décorer, sans que cela ne prenne trop de temps, il peut être plus facile de préparer les cupcakes à l'avance et de laisser les enfants s'en occuper plus tard.

POUR 8-10 CUPCAKES

- **175 G DE FARINE À POUDRE LEVANTE INCORPORÉE, TAMISÉE**
- **110 G DE SUCRE SEMOULE**
- **1 CUIL. À CAFÉ DE LEVURE CHIMIQUE**
- **2 GROS ŒUFS**
- **110 G DE BEURRE MOU OU DE MARGARINE COUPÉS EN PETITS MORCEAUX**
- **5 CL DE LAIT OU D'EAU**

GLAÇAGE

- **150 G DE BEURRE MOU COUPÉ EN PETITS MORCEAUX**
- **½ CUIL. À CAFÉ D'EXTRAIT DE VANILLE (FACULTATIF)**
- **275 G DE SUCRE GLACE**

DÉCORATION

- **COLORANTS ALIMENTAIRES**
- **TOPPINGS DÉCORATIFS**

MATÉRIEL

- **1 MOULE À CUPCAKES À 12 ALVÉOLES**
- **1 POCHE ÉQUIPÉE D'UNE DOUILLE**

- Préchauffez le four à 180 °C (th. 6) et garnissez le moule à cupcakes de 8 à 10 caissettes en papier.

- Mélangez tous les ingrédients dans un saladier. Faites un puits au centre, cassez-y les œufs et ajoutez le beurre ou la margarine. Avec un batteur électrique, amalgamez tous les éléments. Versez la moitié du lait ou de l'eau et battez de nouveau. La pâte obtenue doit être légère et crémeuse. Ajoutez le reste du liquide si nécessaire.

- Répartissez la pâte dans les caissettes en papier et enfournez pour 12 à 20 min jusqu'à ce que la pâte soit ferme au toucher et légèrement brune au sommet. Laissez les cupcakes reposer 1 min avant de les transférer sur une grille pour qu'ils refroidissent.

- Pour le glaçage, mélangez dans un bol le beurre avec l'extrait de vanille (si vous le souhaitez) jusqu'à ce qu'il soit moelleux et léger, puis, petit à petit, tamisez dessus le sucre glace et incorporez-le au mélange. Répartissez le glaçage dans différents bols pour lui donner les couleurs que vous avez choisies.

- Remplissez la poche à douille d'un glaçage et allez-y ! Laissez libre cours à votre imagination ! Ajoutez pour finir les toppings décoratifs.

CUPCAKES RICHES EN MYRTILLES

Ces cupcakes aux myrtilles, avec leurs ingrédients naturels, sont un plus par rapport aux nombreux arômes artificiels utilisés habituellement. Pour préparer les fruits, utilisez simplement un mixeur à main ou un robot pour réduire en purée une barquette de myrtilles.

POUR 8-10 CUPCAKES

- 4 CUIL. À SOUPE DE PURÉE DE MYRTILLES (VOIR CI-DESSUS)
- PÂTE À CUPCAKES (VOIR PAGE 196)
- MYRTILLES, POUR DÉCORER

GLAÇAGE

- 225 G DE FROMAGE FRAIS ENTIER (TYPE PHILADELPHIA® OU SAINT-MÔRET®) À TEMPÉRATURE AMBIANTE
- 375 G DE SUCRE GLACE
- 2 CUIL. À SOUPE DE PURÉE DE MYRTILLES

MATÉRIEL

- 1 MOULE À CUPCAKES À 12 ALVÉOLES
- 1 POCHE ÉQUIPÉE D'UNE DOUILLE

- Préchauffez le four à 180 °C (th. 6) et garnissez le moule à cupcakes de 8 à 10 caissettes en papier.
- Mélangez bien la purée de myrtilles avec la pâte à cupcakes.
- Répartissez cet appareil dans les caissettes et enfournez pour 12 à 20 min jusqu'à ce que la pâte soit ferme au toucher et légèrement brune au sommet. Laissez les cupcakes reposer 1 min avant de les transférer sur une grille pour qu'ils refroidissent.
- Pour le glaçage, fouettez le fromage blanc dans un bol jusqu'à ce qu'il soit lisse, puis, petit à petit, tamisez dessus le sucre glace et incorporez-le au mélange. Faites de même avec la purée de myrtilles.
- Remplissez la poche à douille et glacez les cupcakes. Décorez avec 3 à 4 myrtilles posées sur le dessus.

CUPCAKES GOURMANDS AU CHOCOLAT ET AU MIEL

Vous pensiez que les cupcakes ne pouvaient pas être plus gourmands... Que diriez-vous d'y mettre aussi du miel ?

POUR 8-10 CUPCAKES

- 1 CUIL. À SOUPE DE CACAO EN POUDRE TAMISÉ
- 125 G DE MIEL EN RAYON GROSSIÈREMENT HACHÉ OU 3 BARRES CRUNCHIE® ÉCRASÉES + UN PEU POUR DÉCORER
- PÂTE À CUPCAKES (VOIR PAGE 196)

GLAÇAGE

- 150 G DE BEURRE MOU COUPÉ EN PETITS MORCEAUX
- 275 G DE SUCRE GLACE
- 1 CUIL. À SOUPE DE CACAO EN POUDRE
- 4 CUIL. À SOUPE DE CONFITURE DE LAIT

MATÉRIEL

- 1 MOULE À CUPCAKES À 12 ALVÉOLES
- 1 POCHE ÉQUIPÉE D'UNE DOUILLE

- Préchauffez le four à 180 °C (th. 6) et garnissez le moule à cupcakes de 8 à 10 caissettes en papier.
- Mélangez le cacao et le miel en rayon avec la pâte à cupcakes jusqu'à ce que le mélange soit homogène.
- Répartissez cet appareil dans les caissettes et enfournez pour 12 à 20 min jusqu'à ce que la pâte soit ferme au toucher et légèrement brune au sommet. Laissez les cupcakes reposer 1 min avant de les transférer sur une grille pour qu'ils refroidissent.
- Pour le glaçage, battez le beurre dans un bol jusqu'à ce qu'il soit moelleux et léger, puis, petit à petit, tamisez dessus le sucre glace et le cacao, et incorporez-les au mélange. Faites de même avec la confiture de lait.
- Remplissez la poche à douille et glacez les cupcakes. Décorez avec des petits morceaux de miel ou de barre Crunchie® posés sur le dessus.

CUPCAKES DORÉS AUX PÉPITES DE CHOCOLAT

J'adore la texture de ces cupcakes. Les pépites de chocolat contrastent bien avec l'onctuosité de la pâte au chocolat. Si vous trouvez de la poudre alimentaire dorée, parsemez-en un peu le dessus pour leur donner un éclat magique !

POUR 8-10 CUPCAKES

- 2 CUIL. À SOUPE DE CACAO EN POUDRE TAMISÉ
- 100 G DE PÉPITES DE CHOCOLAT (BLANC, AU LAIT OU NOIR)
- PÂTE À CUPCAKES (VOIR PAGE 196)
- POUDRE ALIMENTAIRE DORÉE, POUR DÉCORER

GLAÇAGE

- 110 G DE BEURRE MOU COUPÉ EN PETITS MORCEAUX
- 1 CUIL. À CAFÉ D'EXTRAIT DE VANILLE
- 325 G DE SUCRE GLACE
- 4 CUIL. À SOUPE DE CACAO EN POUDRE
- 7,5 CL DE CRÈME FRAÎCHE ÉPAISSE

MATÉRIEL

- 1 MOULE À CUPCAKES À 12 ALVÉOLES
- 1 POCHE ÉQUIPÉE D'UNE DOUILLE

- Préchauffez le four à 180 °C (th. 6) et garnissez le moule à cupcakes de 8 à 10 caissettes en papier.
- Mélangez le cacao et les éclats de chocolat avec la pâte à cupcakes pour qu'elle soit homogène.
- Répartissez cet appareil dans les caissettes et enfournez pour 12 à 20 min jusqu'à ce que la pâte soit ferme au toucher. Laissez les cupcakes reposer 1 min avant de les transférer sur une grille pour qu'ils refroidissent.
- Pour le glaçage, battez le beurre et l'extrait de vanille dans un bol jusqu'à ce qu'il soit lisse, puis, petit à petit, tamisez dessus le sucre glace et le cacao, et incorporez-les dans la pâte. Faites la même chose avec la crème.
- Remplissez la poche à douille et glacez les cupcakes, puis saupoudrez-les d'un peu de poudre d'or pour décorer.

CUPCAKES AU CARAMEL

Cette version de cupcakes est bien collante et bien riche. Son petit plus : des noix de pécan sur le dessus.

POUR 8-10 CUPCAKES

- 110 G DE DATTES DÉNOYAUTÉES ET FINEMENT HACHÉES
- ½ CUIL. À CAFÉ DE BICARBONATE ALIMENTAIRE
- ½ CUIL. À CAFÉ D'EXTRAIT DE VANILLE
- 1 CUIL. À CAFÉ DE CAFÉ INSTANTANÉ
- PÂTE À CUPCAKES (VOIR PAGE 196)

GLAÇAGE

- 150 G DE BEURRE MOU COUPÉ EN PETITS MORCEAUX
- 275 G DE SUCRE GLACE
- 4 CUIL. À SOUPE DE CONFITURE DE LAIT + UN PEU POUR VERSER SUR LE DESSUS
- 8 À 10 CERNEAUX DE NOIX DE PÉCAN, POUR DÉCORER

MATÉRIEL

- 1 MOULE À CUPCAKES À 12 ALVÉOLES
- 1 POCHE ÉQUIPÉE D'UNE DOUILLE

- Préchauffez le four à 180 °C (th. 6) et garnissez le moule à cupcakes de 8 à 10 caissettes en papier.
- Mettez les dattes dans un bol, ajoutez le bicarbonate, l'extrait de vanille et le café, puis couvrez de 10 cl d'eau bouillante. Laissez reposer 10 à 15 min pour ramollir les dattes.
- Égouttez les dattes refroidies si nécessaire, coupez-les et mettez-les dans la pâte. Puis répartissez l'appareil dans les caissettes et enfournez pour 12 à 20 min ou jusqu'à ce que la pâte soit ferme au toucher. Laissez les cupcakes reposer 1 min avant de les transférer sur une grille pour qu'ils refroidissent.
- Pour le glaçage, battez le beurre dans un bol jusqu'à ce qu'il soit bien lisse, puis, petit à petit, tamisez dessus le sucre glace et incorporez-le dans la pâte. Faites ensuite la même chose avec la confiture de lait.
- Remplissez la poche à douille et glacez les cupcakes, puis décorez de noix de pécan et d'un peu de confiture de lait.

Crumble d'avoine à la fraise et à la rhubarbe

Le crumble fait partie des desserts les plus faciles à réaliser et à décliner à l'envi en fonction des saisons. Vous pouvez aussi varier les ingrédients du crumble lui-même. J'utilise parfois de la farine complète et des noix, bien que je sois fana des gros flocons d'avoine qui donnent au crumble une texture vraiment croustillante.

POUR 4 PERSONNES

- 150 G DE FARINE
- 150 G DE GROS FLOCONS D'AVOINE
- 175 G DE CASSONADE BLONDE (VERGEOISE)
- 200 G DE BEURRE FROID COUPÉ EN PETITS MORCEAUX
- CRÈME LIQUIDE, POUR SERVIR

GARNITURE

- 600 G DE FRAISES ÉQUEUTÉES
- 5 BÂTONS DE RHUBARBE MOYENS, ÉPLUCHÉS ET COUPÉS EN TRONÇONS DE 2,5 CM
- 1 CUIL. À SOUPE DE FARINE
- 60 G DE CASSONADE BLONDE (VERGEOISE)
- LE JUS DE ½ CITRON

- Préchauffez le four à 190 °C (th. 6-7).
- Mettez la farine, les flocons d'avoine, la cassonade et le beurre dans un saladier. Du bout des doigts, mélangez les ingrédients jusqu'à obtenir une chapelure grossière.
- Dans un grand plat à four, mélangez les fraises et la rhubarbe avec la farine, le sucre et le jus de citron. Ajoutez le crumble en l'étalant sur la garniture.
- Enfournez pour 35 à 40 min de cuisson jusqu'à ce que le dessus du crumble dore bien et qu'en dessous les fruits bouillonnent. Servez-en de bonnes parts avec un peu de crème.

SQUARES AU BEURRE DE CACAHUÈTES

Cette recette permet de confectionner de délicieux squares qui sont mille fois meilleurs et très différents de toutes les barres que vous achetez dans le commerce – beaucoup plus moelleux, croustillants et chocolatés, ça vaut le coup ! Pour obtenir un super effet marbré, comme sur la photo, j'utilise 100 g de chocolat blanc et 100 g de chocolat au lait mélangés.

POUR ENVIRON 20 SQUARES

- 200 G DE CHOCOLAT DE BONNE QUALITÉ, BLANC, AU LAIT OU NOIR, AU CHOIX, CASSÉ EN MORCEAUX
- 200 G DE BEURRE DE CACAHUÈTES
- 100 G DE SUCRE SEMOULE
- 20 CL DE SIROP DE SUCRE ROUX (*GOLDEN SYRUP*)
- 100 G DE CORN-FLAKES SPECIAL K®
- 100 G DE NOIX DE COCO RÂPÉE

MATÉRIEL

- 1 MOULE À GÂTEAU CARRÉ DE 20 CM DE CÔTÉ À HAUT BORD

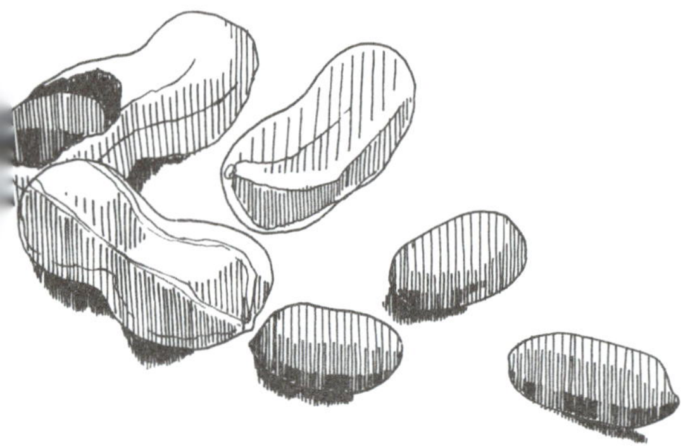

- Faites fondre doucement le chocolat dans un bol résistant à la chaleur placé au-dessus d'une casserole remplie d'eau frémissante, en vous assurant que sa base ne touche pas l'eau.
- Dans une autre casserole, faites fondre le beurre de cacahuètes, le sucre et le sirop de sucre à feu doux jusqu'à ce que le mélange soit fluide.
- Mélangez les corn-flakes et la noix de coco râpée dans un saladier.
- Versez la préparation au beurre de cacahuètes sur les ingrédients secs et mélangez à la cuillère en bois. Transvasez le mélange dans le moule et étalez-le de façon uniforme en vous aidant du dos de la cuillère.
- Recouvrez uniformément de chocolat fondu, puis mettez le moule au réfrigérateur quelques heures. Le résultat étant bien sucré, je découpe donc des carrés de seulement 4 cm de côté.

LEMON
MERINGUE
PIES!

TARTELETTES AU CITRON

La crème au citron de cette recette est à tomber. J'adore ces tartelettes, rencontre d'un cupcake et d'un cornet de glace ! Absolument succulent.

POUR 18-20 TARTELETTES

- 330 G DE FARINE + UN PEU POUR SAUPOUDRER
- 1 PINCÉE DE SEL
- 3 CUIL. À SOUPE DE SUCRE SEMOULE
- 175 G DE BEURRE FROID COUPÉ EN PETITS MORCEAUX + UN PEU POUR GRAISSER

GARNITURE AU CITRON

- 300 G DE SUCRE SEMOULE
- 100 G DE MAÏZENA®
- 12 CL DE JUS DE CITRON (2 À 3 CITRONS)
- 4 GROS JAUNES D'ŒUFS
- 1 PINCÉE DE SEL
- LE ZESTE DE 2 CITRONS, FINEMENT RÂPÉ
- 60 G DE BEURRE

MERINGUE

- 250 G DE SUCRE GLACE TAMISÉ
- 4 BLANCS D'ŒUFS

MATÉRIEL

- 2 MOULES À MUFFINS À 12 ALVÉOLES
- 1 POCHE ÉQUIPÉE D'UNE DOUILLE

- Pour la pâte, tamisez la farine et le sel dans un saladier. Ajoutez le sucre, puis le beurre et, du bout des doigts, incorporez-les à la farine jusqu'à ce que le mélange ressemble à des miettes de pain. Incorporez 4 à 6 cuil. à soupe d'eau, l'une après l'autre, de façon à obtenir une boule de pâte. Enveloppez celle-ci dans un film alimentaire et mettez-la au réfrigérateur au moins 15 min.
- Pendant ce temps, préparez la garniture. Mettez le sucre, la Maïzena® et 45 cl d'eau dans une grande casserole et remuez jusqu'à ce que le mélange soit lisse. Ajoutez le jus de citron, les jaunes d'œufs et le sel. Portez à ébullition, puis baissez le feu et laissez cuire à petits bouillons 10 à 12 min. Incorporez le zeste de citron et le beurre. Quand celui-ci est fondu, retirez la casserole du feu et laissez refroidir.
- Préchauffez le four à 180 °C (th. 6), puis graissez et farinez le moule à muffins. Abaissez la pâte sur une surface légèrement farinée pour obtenir un rectangle d'environ 3 mm d'épaisseur. Coupez-y des carrés de 9 cm de côté et disposez-les dans les alvéoles du moule. Piquez-les avec une fourchette, enfournez pour 10 min, puis sortez-les du four et laissez-les refroidir. Baissez la température du four à 170 °C (th. 5-6).
- Avec un batteur électrique, montez les blancs d'œufs en neige avec le sucre glace pendant 10 min jusqu'à ce qu'ils forment des pics lorsque vous soulevez le fouet. Mettez la meringue dans la poche à douille. Remplissez chaque croûte de pâte avec un peu de crème au citron et recouvrez d'un généreux tourbillon de meringue. Déposez le moule sur la plaque du milieu et enfournez pour 10 à 15 min, jusqu'à ce que la pâte dore. Sortez du four et laissez refroidir avant de mordre dedans.

Cheesecake aux myrtilles et au chocolat blanc

Voici un merveilleux cheesecake, crémeux et riche. Le dessert parfait qu'on peut préparer d'avance et mettre au frigo jusqu'au moment de servir.

POUR 6-8 PERSONNES

- 200 G DE SABLÉS ANGLAIS OU DE PETITS-BEURRE
- 100 G DE BEURRE
- 400 G DE CHOCOLAT BLANC DE QUALITÉ, CASSÉ EN MORCEAUX
- 250 G DE FROMAGE FRAIS ENTIER (DE TYPE PHILADELPHIA® OU SAINT-MÔRET®)
- 25 CL DE CRÈME LIQUIDE AU LAIT ENTIER
- 250 G DE MASCARPONE
- 250 G DE MYRTILLES

MATÉRIEL

- 1 MOULE ANTIADHÉSIF DE 20 CM DE DIAMÈTRE À FOND AMOVIBLE

- Mettez les biscuits dans un sac de congélation et écrasez-les au rouleau à pâtisserie – ou tout autre instrument contondant ! – jusqu'à obtenir des miettes.

- Faites fondre le beurre dans une grande casserole, puis ajoutez les miettes de biscuits et mélangez bien. Versez ce mélange dans le moule et étalez-le avec le dos d'une cuillère. Couvrez et mettez à rafraîchir au réfrigérateur le temps de préparer le reste des ingrédients.

- Mettez le chocolat blanc dans un bol résistant à la chaleur placé au-dessus d'une casserole d'eau frémissante, en veillant à ce qu'il ne touche pas l'eau, et laissez fondre le chocolat en remuant de temps en temps.

- Avec une cuillère en bois, fouettez le fromage frais et le mascarpone dans un saladier jusqu'à obtenir un mélange homogène. Incorporez le chocolat blanc et, en dernier, les myrtilles. Étalez ce mélange régulièrement sur la base des biscuits, puis couvrez et mettez au réfrigérateur, au moins 2 à 3 h.

- Sortez le cheesecake du moule et servez-en de généreuses parts.

Cookies aux pépites de chocolat

La meilleure façon d'obtenir de beaux cookies consiste à utiliser une cuillère à glace de taille moyenne. Cela leur donnera une apparence professionnelle, tout en simplifiant l'opération de moulage. Si vous n'avez pas trouvé de pépites de chocolat, contentez-vous de casser quelques barres d'un bon chocolat.

POUR 8-10 COOKIES

- 225 G DE BEURRE MOU + UN PEU POUR GRAISSER (FACULTATIF)
- 140 G DE CASSONADE BRUNE
- 140 G DE SUCRE CRISTALLISÉ
- 1 PINCÉE DE SEL
- 1 CUIL. À CAFÉ D'EXTRAIT DE VANILLE
- 1 GROS ŒUF
- 240 G DE FARINE TAMISÉE
- 300 G DE PÉPITES DE CHOCOLAT AU LAIT

- Préchauffez le four à 190 °C (th. 6-7). Graissez 2 grandes plaques de four ou chemisez-les de papier sulfurisé.
- Avec une cuillère en bois, mélangez la cassonade, le sucre, le sel, l'extrait de vanille et le beurre dans un saladier. Ajoutez l'œuf et mélangez à nouveau jusqu'à ce qu'il soit bien intégré. Incorporez la farine, et quand la pâte commence à se former, ajoutez les pépites de chocolat et mélangez encore une fois.
- À l'aide d'une cuillère à glace de taille moyenne ou d'une grosse cuillère à soupe, disposez des tas de pâte sur les plaques de four, à environ 5 cm d'intervalle car les cookies vont gonfler à la cuisson.
- Enfournez pour 10 à 12 min, jusqu'à ce que les bords des cookies dorent, tandis que le centre reste plus clair. Laissez-les reposer un moment sur les plaques, puis transférez-les sur une grille. Dégustez-les à la façon traditionnelle : tièdes, avec un bon verre de lait.

SUPER BROWNIES AU CHOCOLAT

J'ai fait ma propre étude et je vous assure qu'enfants et adultes vont tous raffoler de ces brownies au chocolat mortels ! Mon seul conseil est de doubler les doses car ils vont très vite disparaître. Emballés dans une jolie boîte, ils peuvent constituer un super cadeau.

POUR 24 BROWNIES

- 225 G DE CHOCOLAT NOIR DE BONNE QUALITÉ, COUPÉ EN MORCEAUX
- 225 G DE BEURRE
- 300 G DE SUCRE SEMOULE
- 3 GROS ŒUFS BATTUS
- 1 CUIL. À CAFÉ D'EXTRAIT DE VANILLE
- 75 G DE FARINE
- 1 CUIL. À CAFÉ DE LEVURE CHIMIQUE

MATÉRIEL

- 1 MOULE À GÂTEAU DE 22 X 30 CM

- Préchauffez le four à 180 °C (th. 6) et garnissez le moule de papier sulfurisé.
- Mettez le chocolat et le beurre dans un bol résistant à la chaleur placé au-dessus d'une casserole d'eau à peine frémissante, en vous assurant que le fond ne touche pas l'eau, et mélangez jusqu'à ce qu'ils soient fondus.
- Au batteur électrique, battez le sucre et l'œuf 2 à 3 min jusqu'à ce que le mélange blanchisse. Ajoutez petit à petit le chocolat et le beurre fondus, puis l'extrait de vanille, et continuez à battre jusqu'à ce que le tout épaississe. Incorporez alors doucement la farine et la levure.
- Versez la préparation dans le moule et enfournez celui-ci sur la grille du milieu pour 30 min, jusqu'à ce que le dessus ait durci et que les bords se soient détachés du moule. Sortez le gâteau et laissez-le refroidir dans le moule. Quand il est froid, coupez-le en 24 carrés.

WHOOPIES

Alors que j'essayais de trouver la meilleure recette de whoopies, j'ai reçu celle-ci de la part d'un lecteur de mon blog dont la belle-mère, une fantastique cuisinière, a vécu toute sa vie aux États-Unis. Elle prépare ces gâteaux pour des occasions spéciales : Noël, Pâques, Thanksgiving, anniversaires, mariages, funérailles, et parfois à la demande d'une de ses filles qui a la nostalgie de son enfance. Sa touche personnelle est le babeurre qu'elle utilise à la place du lait pour donner à ses gâteaux un goût plus riche. Dans la recette originale, la garniture est au marshmallow mais je préfère celle à la crème au beurre.

POUR 16 WHOOPIES

- 270 G DE FARINE
- 5 CUIL. À SOUPE DE CACAO EN POUDRE DE BONNE QUALITÉ
- 1 CUIL. À CAFÉ DE LEVURE CHIMIQUE
- 1 PINCÉE DE SEL
- 190 G DE SUCRE SEMOULE
- 120 G DE BEURRE MOU
- 2 GROS ŒUFS LÉGÈREMENT BATTUS
- 1 CUIL. À CAFÉ D'EXTRAIT DE VANILLE
- 25 CL DE BABEURRE

GARNITURE

- 150 G DE BEURRE MOU
- ½ CUIL. À CAFÉ D'EXTRAIT DE VANILLE
- 275 G DE SUCRE GLACE TAMISÉ

- Préchauffez le four à 180 °C (th. 6) et garnissez 2 plaques de four de papier sulfurisé.
- Tamisez dans un petit saladier la farine, le cacao, la levure et le sel. Dans un autre saladier, fouettez le sucre et le beurre à l'aide d'un batteur. Ajoutez les œufs un à un pour obtenir un mélange homogène.
- Incorporez l'extrait de vanille au babeurre et ajoutez-les au mélange, en alternance avec les ingrédients secs du premier saladier. Vous devez obtenir une pâte épaisse. Disposez 32 cuillerées bien pleines de cette pâte sur les plaques de four, espacées d'environ 5 cm car elles vont s'étaler en cuisant. Enfournez pour 15 min, jusqu'à ce que le dessus gonfle et revienne en place quand on appuie dessus.
- Pendant la cuisson, préparez la garniture en fouettant le beurre dans un bol jusqu'à ce qu'il devienne pâle et crémeux. Ajoutez la vanille et, petit à petit, le sucre glace pour obtenir un mélange moelleux.
- Quand les moitiés de whoopies sont cuites, laissez-les sur leur plaque 5 min, puis décollez-les avec une spatule métallique et mettez-les à refroidir sur une grille. Quand elles sont froides, étalez 1 cuil. à café de la garniture sur le côté plat d'une moitié et collez une autre moitié dessus. Youpi, voilà des whoopies !

WHOOPIES À LA MENTHE

Suivez la recette originale, puis fourrez les whoopies de cette garniture verte mentholée. Ce sont ces whoopies-là que je préfère...

POUR 16 WHOOPIES

PÂTE POUR WHOOPIES (VOIR PAGE 213)

GARNITURE

- 150 G DE BEURRE MOU
- 275 G DE SUCRE GLACE TAMISÉ
- 1/4 CUIL. À CAFÉ D'EXTRAIT DE MENTHE POIVRÉE
- 1/2 CUIL. À CAFÉ DE COLORANT ALIMENTAIRE VERT (FACULTATIF)

- Déposez des cuillerées de pâte sur deux plaques de four tapissées de papier sulfurisé et passez au four préchauffé en suivant les instructions de la page 213.
- Pendant la cuisson, préparez la garniture en fouettant le beurre dans un bol jusqu'à ce qu'il devienne crémeux, puis, petit à petit, ajoutez le sucre glace jusqu'à ce que le mélange soit léger. Incorporez l'extrait de menthe poivrée et le colorant vert (à votre convenance).
- Lorsque les moitiés de whoopies sont cuites, laissez-les sur leur plaque 5 min, puis décollez-les avec une spatule métallique et mettez-les à refroidir sur une grille. Une fois qu'elles sont froides, étalez 1 cuil. à café de la garniture sur le côté plat d'une moitié et collez une autre moitié dessus.

WHOOPIES AU BEURRE DE CACAHUÈTES

Suivez la recette originale, puis garnissez les whoopies de cette crème à la saveur de noisette.

POUR 16 WHOOPIES

PÂTE POUR WHOOPIES (VOIR PAGE 213)

GARNITURE

- 1 CUIL. À SOUPE DE LAIT
- 110 G DE BEURRE MOU
- 150 G DE BEURRE DE CACACHUÈTES MOU
- 225 G DE SUCRE GLACE TAMISÉ

- Déposez des cuillerées de pâte sur deux plaques de four tapissées de papier sulfurisé et passez au four préchauffé en suivant les instructions de la page 213.
- Pendant la cuisson, préparez la garniture en fouettant le lait, le beurre et le beurre de cacahuètes dans un bol jusqu'à ce que le mélange soit crémeux, puis ajoutez petit à petit le sucre glace pour obtenir une consistance légère.
- Quand les moitiés de whoopies sont cuites, laissez-les sur leur plaque 5 min, puis décollez-les avec une spatule métallique et mettez-les à refroidir sur une grille. Une fois refroidies, étalez 1 cuil. à café de la garniture sur le côté plat d'une moitié et collez une autre moitié dessus.

Whoopies blonds

En remplaçant le cacao en poudre de la recette originale de whoopies (voir page 213) par de la farine, vous obtenez de très jolis disques blancs. J'adore les assembler avec une succulente garniture au chocolat blanc.

POUR 16 WHOOPIES

- 345 G DE FARINE
- 1 CUIL. À CAFÉ DE LEVURE CHIMIQUE
- 1 PINCÉE DE SEL
- 190 G DE SUCRE CRISTALLISÉ
- 120 G DE BEURRE MOU
- 2 ŒUFS LÉGÈREMENT BATTUS
- 1 CUIL. À CAFÉ D'EXTRAIT DE VANILLE
- 25 CL DE BABEURRE

GARNITURE

- 110 G DE CHOCOLAT BLANC DE BONNE QUALITÉ, COUPÉ EN MORCEAUX
- 1 CUIL. À SOUPE DE LAIT
- 175 G DE BEURRE MOU
- 250 G DE SUCRE GLACE TAMISÉ

- Préchauffez le four à 180 °C (th. 6) et garnissez deux plaques de four de papier sulfurisé.
- Tamisez dans un saladier la farine, la levure et le sel. Dans un autre saladier, fouettez le sucre et le beurre. Ajoutez les œufs un à un jusqu'à obtenir un mélange homogène.
- Incorporez l'extrait de vanille au babeurre, puis ajoutez-les au mélange, en alternant avec les ingrédients secs du premier saladier. Vous obtenez une pâte épaisse.
- Disposez 32 cuillerées bien remplies de cette pâte sur les plaques de four, espacées d'environ 5 cm car elles vont s'étaler en cuisant. Enfournez pour 15 min environ, jusqu'à ce que le dessus gonfle et revienne en place quand on appuie dessus.
- Pendant la cuisson, préparez la garniture. Faites fondre le chocolat blanc dans un bol résistant à la chaleur placé au-dessus d'une casserole d'eau frémissante, en veillant à ce que le fond ne touche pas l'eau. Remuez de temps en temps et quand le chocolat est fondu, ôtez la casserole du feu.
- Fouettez le lait et le beurre dans un bol pour obtenir une crème. Ajoutez petit à petit le sucre glace, jusqu'à ce que le mélange soit léger. Incorporez le chocolat fondu.
- Quand les moitiés de whoopies sont cuites, laissez-les sur leur plaque 5 min, puis décollez-les avec une spatule métallique et mettez-les à refroidir sur une grille. Une fois refroidies, étalez 1 cuil. à café de la garniture sur le côté plat d'une moitié et collez une autre moitié dessus.

Méga-meringues au chocolat-pistache

Ces meringues sont décoiffantes ! Elles croustillent à l'extérieur, et leur cœur tout moelleux est un véritable tourbillon de chocolat et de pistache... La fabrication des meringues peut vous intimider la première fois, mais cette recette infaillible est des plus simples.

POUR 6 MÉGA-MERINGUES

- **250 G DE SUCRE GLACE TAMISÉ**
- **4 BLANCS D'ŒUFS**
- **2 CUIL. À CAFÉ DE MAÏZENA® TAMISÉE**
- **1 CUIL. À CAFÉ DE VINAIGRE DE VIN BLANC**
- **100 G DE CHOCOLAT NOIR DE BONNE QUALITÉ GROSSIÈREMENT RÂPÉ**
- **100 G DE PISTACHES FINEMENT ÉMINCÉES**
- **CRÈME FOUETTÉE, POUR SERVIR**

- Préchauffez le four à 180 °C (th. 6) et tapissez 2 plaques de four de papier sulfurisé.
- Dessinez 3 cercles de 12 cm sur chaque feuille, puis retournez celles-ci pour que le dessin ne s'imprime pas sur les meringues !
- Dans un mixeur ou avec un batteur électrique, montez les blancs d'œufs et le sucre glace pendant 10 min pour obtenir des blancs en neige fermes. Incorporez à la spatule la Maïzena® et le vinaigre, puis, avec précaution, le chocolat et les pistaches.
- Divisez cette meringue en 6 parts égales et, avec une cuillère, déposez une part dans chaque cercle dessiné sur le papier sulfurisé. Enfournez pour 45 min, puis sortez-les et laissez-les refroidir. Servez-les accompagnées d'une grosse cuillerée de crème fouettée.

PUDDING DE RIZ À LA CANNELLE À LA SUÉDOISE

Ce dessert me rappelle invariablement Noël. J'ai découvert cette recette en Suède où on en prépare de grosses quantités durant la saison des fêtes. C'est plutôt consistant mais, de temps en temps, un bon gros bol de pudding de riz est vraiment très réconfortant...

POUR 4 PERSONNES

- 200 G DE RIZ ROND
- 1 PINCÉE DE SEL
- 1 CUIL. À SOUPE DE BEURRE
- 1 L DE LAIT ENTIER
- 4 CUIL. À SOUPE DE SUCRE VANILLÉ (VOIR PAGE 195) + UN PEU POUR SERVIR
- ½ CUIL. À CAFÉ DE CANNELLE EN POUDRE + UN PEU, POUR SERVIR
- CRÈME FOUETTÉE, POUR SERVIR

- Versez dans une grande casserole remplie de 25 cl d'eau le riz, le sel et le beurre, puis couvrez et portez à ébullition. Baissez ensuite le feu et laissez frémir 10 min, le temps que l'eau soit absorbée et le riz cuit.
- Versez le lait, ajoutez le sucre vanillé et la cannelle en poudre. Mélangez bien et portez de nouveau à ébullition. Baissez le feu et laissez mijoter 25 à 35 min, jusqu'à ce que la consistance soit crémeuse mais le riz encore un peu ferme.
- Versez le riz dans un plat de service et laissez-le refroidir avant de le couvrir et de le mettre à reposer au réfrigérateur.
- Servez de bonnes grosses cuillerées de pudding froid, avec une pincée de sucre vanillé et de cannelle, et une bonne portion de crème fouettée.

INDEX

REMERCIEMENTS

À ma copine Jenny Heller, la reine de la blague, qui est arrivée dans ma vie, tirée à quatre épingles. Je suis si heureux que tu ne te sois pas sauvée en courant après avoir jeté un coup d'œil au jeune gars assis dans ce bistrot de Dublin. Merci pour toutes tes idées, tes encouragements et tes conseils ; faut-il déjà prendre notre retraite ? À ma fantastique et très efficace éditrice Ione Walder qui, avec son sens de la productivité quasi militaire et, bien sûr, son incroyable humour n'a aucun mal à me faire respecter des plannings. Et qui, en plus, est un des meilleurs guides touristiques de Londres. Un très grand merci à Elen Jones, à Myfanwy Vernon-Hunt pour leurs sensationnelles mises en page et, bien sûr, aux adorables Lee Motley et Selina Juneja pour leurs magnifiques couvertures.

À mes deux grandes dames, Lucy Jessop et Charlie Clapp (fans de saucisse-purée), merci beaucoup pour tout leur travail sur la préparation et la présentation des plats pour les photos. Nous avons passé des heures à nous tordre de rire dans un coin des studios Plough durant un long été étouffant à Londres. J'espère que vous conviendrez que ça valait le coup en voyant les appétissantes et fantastiques images qui en sont le résultat. Mon irremplaçable accessoiriste Jo Harris n'a pas cessé de m'étonner en apparaissant avec des boîtes et des boîtes des objets les plus insolites ; en dépit de toutes mes menaces, je ne les ai pas volés ! J'ai le plus grand respect pour quiconque est capable de dénicher les centaines d'ustensiles de cuisine existants.

Merci au grand et talentueux photographe Chris Terry pour la longue journée passée dans la plus étonnante cuisine de Londres.

Un grand merci à James Byrne qui s'est mis en première ligne et a pris un risque en venant à Dublin et en passant un week-end à faire des photos avec moi. Très peu de personnes m'ont vu pêcher (James en fait maintenant partie) et il y a une raison à cela : je ne suis pas à mon avantage quand je suis en train de couiner comme une fille en essayant de remonter un maquereau récalcitrant. James, garde cette histoire pour toi !

À ma marraine en cuisine, styliste et goûteuse de recettes, Erica Ryan, qui a passé des heures à concocter des merveilles à partir des recettes du livre. Pour ce constant coup de main, un grand, grand merci ! Et un autre à David Hare qui est toujours prêt à décrocher son téléphone pour organiser une réunion après m'avoir entendu à la radio. Merci de me conseiller, de m'aider et d'écouter toutes mes idées folles pour mon émission de télé. Un grand merci aussi à Brian Walsh de RTE pour avoir pris le risque de miser sur moi.

À mes parents, depuis longtemps victimes de mon tempérament, à la fois excessif et affectueux, qui continuent de m'offrir leur aide, leur amour, leurs conseils et une réserve inépuisable de fruits et légumes frais. Maman, personne n'est capable de jeter un pot à épices comme toi – tu es la championne ! Elle nous a tous nourris et élevés jour après jour, en nous faisant rire avec son fantastique sens de l'humour. Et merci à toi, papa, pour ton esprit aventureux, travailleur et espiègle qui est le moteur de la famille Skehan. Un autre merci à mes grands-parents, Chris et Betty, qui sont des sources d'inspiration, de bonnes histoires et d'aide permanente. Et tous mes remerciements aux nombreux membres de ma famille pour leur extraordinaire soutien et leur campagne pour mon blog et mes livres. Vous êtes la meilleure équipe de supporters dont j'aurais pu rêver.

À mes copains que je plains beaucoup : Jonathan, Comedy Paul, Catriona, Kate, Aoife, Daragh, Suzanne, Brian, Laura et Simon. Merci d'avoir patiemment attendu pendant tous les tournages pour manger sur commande, et d'avoir fait toutes les autres choses bizarres que je vous ai demandées au long des années.

Et, à la dernière mais non la moindre : ma belle Sofie qui est là quoi qu'il arrive, merci de me supporter, ma chérie !

Publié pour la première fois en Grande-Bretagne, en 2011,
par Collins, une société de HarperCollins Publishers.
Titre original : *Kitchen Hero, Bringing Cooking Back Home !*

Directeur éditorial : Jenny Heller
Éditeur : Ione Walder
Conception graphique : Myfanwy Vernon-Hunt
Styliste culinaire : Lucy Jessop
Assistant styliste : Jo Harris

L'émission *Kitchen Hero* a été produite par Inproduction Ltd.

Traduction : Élisabeth Gautier
Réalisation : Nord Compo, Villeneuve-d'Ascq

Dépôt légal : avril 2015
56-3334-7
ISBN : 978-2-01-238819-2
Imprimé en Espagne par Cayfosa

PAPIER À BASE DE FIBRES CERTIFIÉES

hachette s'engage pour l'environnement en réduisant l'empreinte carbone de ses livres. Celle de cet exemplaire est de :
2,261 kg éq. CO_2
Rendez-vous sur www.hachette-durable.fr

www.hachette-pratique.com
facebook.com/hachettecuisine